질문을 듣고 경험을 말하다

이야기하는
독서클럽

김학서 지음

이야기하는
독서클럽

김학서 지음

| 머리글 |

책으로 묻고 이야기 품앗이 하며
힐링하는 독서 부담 없는 모임

　퇴직 10년 차를 보내고 있습니다. 퇴직 후 5~6년은 현직에서 익힌 경험과 지식을 살려 경제활동을 했습니다. 평생 몸담았던 직장은 중소 무역업체의 수출입 업무를 도와주는 단체였습니다. 우선은 경력을 살릴 수 있는 일자리 찾기에 적극적으로 나섰지요. 이를 위해 창업 컨설턴트 등 전문가 과정을 이수하기도 했습니다. 이후 여러 기관에서 자문과 평가 업무를 수행했습니다.

　그때 또래의 사람들을 많이 만나서 알았지요. 그들 대부분이 누군가에게 자기 이야기를 하고 싶어 한다는 사실을요. 사람들이 외롭다거나 쓸쓸하다고 말할 때, 주변에 아무도 없어서가 아니라 이야기를 나눌 사람이 없다는 의미였습니다.
　4년 전 우연히 '독서 지도사 양성 과정'에 참석했고 거기서 책 질문지 만드는 법을 알았습니다. 그리고 쾌재를 불렀습니다. 질문지가 바로 사람들에게 이야기 나눌 기회를 제공하는 멋진 도구가 될 수 있다고 여겼기에 그랬지요. 원래 이 과정은 진행자가 책의 내용을 질문지로 만들어 독서 모임을 원활히 진행하도록 도와주는 게 목적이었지요. 하지만 저는 책의 내용보다는 사람들이 자기의 마음속 이야기를 하는 데 초점을 두겠다고 생각했습니다. 질문지를 사람들의 이야기를 끌어내는 도구로 삼겠다는 의도였지요. 물론 '책'이라는 무기는 그대로 사용해야겠지요. 교육 후 40여 권의 책에서 마음에 드는 구절을 사~오십 개씩 찾아 그걸 바탕으로「질문지」를 만들었지요. 동시에 여러 곳에서 모임을 진행했습니다.

모임에서는 참석자들이 지켜야 할 간단한 규칙이 있습니다. 바로 '3, 2, X' 입니다. 누구나 한 질문지 당 '자기 이야기는 최대 3분 그리고 두 번까지만 하고 부정적인 논쟁은 금지한다' 라는 원칙입니다. 이를 참석자들에게 확실하게 인식시키기 위해 '3분 짜리 모래시계'도 활용합니다. 대부분은 모래시계가 없어도 이 규칙에 맞게 자기의 경험이나 생각, 느낌을 이야기하고 다른 사람의 이야기를 듣는 데 문제가 없습니다. 그러나 어느 모임에서나 한~두 사람은 자기 나름의 이야기 방식을 고수합니다. 그들은 처음에는 규칙 지키는 걸 어려워하지만 곧 익숙해지지요. 왜냐하면 사람은 누구나 아무리 독선적 성격을 갖고 있어도 결국은 타인과 함께 살아가야 하는 사회적 동물이기 때문입니다.

〈이야기하는 독서〉의 핵심은 세 가지입니다. 「이야기하기」, 「힐링」 그리고 「들어줌」입니다.

먼저 「이야기하기」입니다. 이건 제가 〈이야기 나눔〉 모임을 처음 계획했을 때부터 염두해 두었습니다. 많은 중장년을 만났을 때 그들은 대부분 누군가에게 자기 서사를 이야기하고 싶어 한다는 사실을 알았기에 그걸 가장 앞세워야겠다고 생각했습니다. 「이야기하기」는 있어도 좋고 없어도 되는 변수가 아니라 상수라는 말이지요.

그다음은 「힐링」입니다. 중장년에게 자기 이야기를 할 수 있는 장을 마련해 주기 위해 책 질문지를 바탕으로 하는 모임을 꾸준히 진행했지요. 질문지는 모임 참가자들이 이야기하고 듣는 마중물 역할을 하는 도구입니다. 그걸 바탕으로 그들은 마음속에 담아두었던 이야기를 스스럼없이 꺼내서 펼쳤습니다. 참가자 개개인들은 자기의 경험이나 감정, 생각, 느낌을 말하면서 자기도 모르게 힐링이 된다고 했습니다. 많은 사람이 이구동성으로 하는 이야기입니다. 따라서 처음부터 그걸 목적으로 하지 않았으나 결과적으로 그런 효과가 있는 건 분명합니다.

하지만 그게 '왜' 그런지는 몰랐습니다. 그러다 지금까지 이어온 여러 모임에서 질문지마다 신나게 이야기하며 즐거워하는 사람들의 얼굴을 보고 문득 깨달았습니다. '함께하는 사람들 사이에 서로 「들어

줌, 즉 경청」이라는 게 작동되어서 그렇게 되지 않을까?' 라고요. 자기 이야기를 할 때 들어주는 사람들이 있다고 믿기에 자신도 모르게 속마음을 털어놓으면서 자존감을 회복하고 살아있다는 걸 느낀다는 이야기입니다.

이 책의 제목은 『이야기하는 독서 클럽』입니다. 이는 「이야기」에 방점을 두는 새로운 독서 패러다임을 제시하기 위해 그렇게 했습니다. 2023년 9월에 출간된 『질문하는 독서 클럽』과의 연속성을 유지하려는 마음도 있었지요. 지난 3년 동안 진행했던 〈이야기 나눔〉을 최종적으로 매뉴얼화한다는 의미도 있었고요.

목차는 5부로 나누었습니다. 1부는 그동안 이야기 나눔과 독서를 진행했던 경과를 중심으로 다루었습니다. 5개의 작은 꼭지로 구성했습니다. 먼저 이야기 나눔과 독서의 계기가 된 「100세 시대」 함께 즐기기'와 주요 도구인 '책 질문지'를 소개했지요. 그걸 진행할 사람들인 '이야기 힐링 지도사' 양성은 부록으로 옮겼습니다. 왜냐하면 그들은 이야기 나눔과 독서를 책임질 사람들이기에 교육 과정을 별도로 알려주고 싶었기 때문입니다. 2부인 이야기 나눔을 위한 책 질문지(수필), 3부인 이야기 나눔을 위한 책 질문지(인생철학) 등이 핵심 내용입니다. 그리고 4부인 이야기 독서 책 질문지(9권)도 이 책의 주요 부분을 차지하고 있습니다. 2부와 3부는 중장년들이 부담 없이 다가서서 이야기할 수 있도록 각각 세 권씩의 수필과 인생철학책을 토대로 만들어진 질문지로 구성되어 있습니다. 4부는 이야기할 때 책의 내용을 중시하는 독자들을 위해 꾸몄습니다. 책을 읽지 않아도 쉽게 이야기할 수 있는 '수필류나 인생철학책' 보다 조금 전문 지식(?)을 다룬 책이라고 할 수 있겠습니다. 미리 읽어보는 게 이야기를 나누는 데 더 도움이 되겠지요. 모두 아홉 권의 책에 대한 질문지가 있습니다.

마지막으로 5부는 이야기 나눔 사례입니다. 수필을 바탕으로 했습니다. 두 권의 수필 책 『The 수필 2022 빛나는 수필가 60』, 『The 수필 2023 빛나는 수필가 60』에서 이야깃거리가 될 만한 구절을 임의로 골랐지요. 작은 꼭지는 '가족', '활동', '풍경', '관계', '사물' 등 5개로 구분했습니다. 그리고 6~8개로 구성된 각각의 질문지에 대한 경험과 생각, 느낌을 적었습니다.

이 책은 중장년들이 공식적으로 다른 사람들과 함께 이야기하고 들으면서 자연스럽게 힐링하는 장이 마련되는 걸 목적으로 썼습니다. [이야기 나눔]의 주요 대상은 수필(2부)과 인생철학(3부)입니다. 각각 9개 주제, 모두 18개 주제의 질문지를 가지고 4~5개월 정도 이야기꽃을 피울 수 있습니다. 매주 1회, 한 번에 두 시간씩 이야기를 나누는 걸 기준으로 할 때 말이지요. 물론 이야기 나눔 사례인 수필(5부)을 더하면 이야기꽃을 피울 수 있는 시간은 더 늘어날 수 있겠지요.

우리나라는 세계에서 가장 빠르게 초고령사회로 들어선 국가라고 합니다. 중장년들이 이 책을 활용하여 다른 사람들과 어울려 이야기를 나누며 잠시라도 즐겁게 시간을 보낼 수 있으면 좋겠습니다.

2025년 가을
김학서 드림

목차

머리말 / 4

1부　이야기 나눔과 독서

1. 「100세 시대」 함께 즐기기 / 14
2. 책 질문지 / 22
3. 수필 이야기 하기 / 26
4. 인생철학 이야기 하기 / 30
5. 책과 함께 이야기 하기 / 34

2부　이야기 나눔을 위한 책 질문지 (수필)

1. 가족이라는 이름으로 / 46
2. 일과 밥벌이의 의미 / 50
3. 소소한 일상 속 특별한 순간 / 54
4. 사람 사이의 소통 / 58
5. 고향과 추억의 장소 / 62
6. 세월이 흘러도 변하지 않는 것들 / 66
7. 새로운 도전과 깨달음 / 70
8. 자연과 함께 사는 삶 / 74
9. 나이 듦을 준비하는 마음 / 78

3부 이야기 나눔을 위한 책 질문지 (인생철학)

1. 생각하는 삶을 살고 있는가? / 88
2. 나는 누구인가? / 92
3. 행복이란 무엇인가? / 96
4. 고난과 역경을 대하는 자세 / 100
5. 자존감과 자기 가치 / 104
6. 만남과 타인과의 관계 / 108
7. 불확실한 세상을 살아가는 법 / 112
8. 선택과 결정 그리고 책임 / 116
9. 사회 문제에도 관심을 / 120

4부 이야기 독서를 위한 책 질문지 (9권)

1. 돈의 심리학 / 130
2. 빅터 프랭클의 죽음의 수용소에서 / 137
3. 생각의 각도 / 144
4. 핵 개인의 시대 / 150
5. 자존감 수업 / 157
6. 인플레이션에서 살아남기 / 164
7. 지속 불가능 자본주의 / 170
8. 뼛속까지 내려가서 써라 / 177
9. 질문의 힘 / 184

5부 힐링을 위한 이야기 나눔 사례

1. 가족 / 192
2. 활동 / 206
3. 풍경 / 218
4. 관계 / 230
5. 사물 / 242

제1부
이야기 나눔과 독서

1. 「100세 시대」 함께 즐기기
2. 책 질문지
3. 수필 이야기 하기
4. 인생철학 이야기 하기
5. 책과 함께 이야기 하기

01 「100세 시대」 함께 즐기기

 흔히 요즘을 「100세 시대」라고 합니다. 중장년 대부분에게 앞으로 20년 이상 무언가를 할 수 있는 짧지 않은 시간이 남은 거지요. 그런데 나이가 든다고 열정이 식을까요? 그렇지 않습니다. 호기심이 살아 있고 무언가 하고 싶은 일이 있다면 말입니다.

 2014년, 30년 이상 다녔던 직장에서 정년퇴직했습니다. 소파에서 뒹굴뒹굴하니 한 달 정도는 세상을 다 가진 것처럼 뱃속 편한 기분이 들었지요. 그러나 거기까지였습니다. 시간이 좀 지나니 몸이 근질근질하고 좀이 쑤셨습니다. 문득 깨달았지요. '퇴직 후에도 즐겁고 의미 있는 삶을 살아가기 위해서는 무엇이라도 배워서 새롭게 일을 시작해야 한다고요.'
 한편, 퇴직 이후 스스로 미래도 불투명한 상태에서 동병상련의 중장년을 자주 만났습니다. 그리고 그들 대부분은 누군가에게 자기 이야기를 하고 싶어 하나 그럴 기회가 별로 없다는 것을 알았습니다.

또한 독서에 관심은 많으나 막상 책을 읽는 데는 부담을 느낀다는 사실도요. 반면 이미 일반적인 독서 모임을 진행하거나 혹은 참여하고 있는 사람들은 책을 읽고 지식을 얻기 위해 그 내용 이해에 중점을 두었습니다. 그러나 저는 중장년들에게 책을 읽는 것 자체보다는 자기 이야기를 할 수 있는 기회를 주는 게 더 맞다고 생각했습니다.

그러다가 2021년 연말 우연히 '독서 모임 진행자 교육'이라는 프로그램을 알게 되었지요. 「책」 질문지 만드는 법을 배워 독서 모임을 원활하게 진행할 수 있는 사람을 양성하는 과정이었습니다. 책을 읽고 질문지를 엮어 보니 무척 재미있었습니다. '이게 바로 동병상련의 중장년과 함께 즐길 수 있는 일이구나'라는 감이 딱 왔습니다. 그 매력에 푹 빠졌기에 과정을 수료하고 나서 바로 실천에 옮겼지요. 우선 손에 잡히는 대로 40여 권의 책을 가지고 천 개 이상의 「질문지」를 만들어 블로그에 올렸습니다. 이어서 잘 만들어진 책 질문지는 중장년을 춤추게 할 수 있다고 믿었기에 이야기 모임 진행을 추진했습니다.

우선 '독서 모임 진행자 과정'을 배운 6명과 함께 강동 구립 해공도서관에서 〈질문지 독서 모임〉을 시작했습니다. 모임을 하다 보니 저와 다른 구성원의 생각이 같지 않다는 걸 알았습니다. 그들 대부분은 기존에 운영되고 있는 일반적인 독서 모임 참가자들과 비슷하게 책의 내용 이해에 중점을 두어야 한다고 강조했습니다. 반면, 저는 다른 주장을 했지요. "모임의 주관자는 진행해야 하기에 반드시 책을 읽어야 한다. 하지만 나머지는 그럴 필요가 없고, 질문지를 바탕으로 자기의 경험이나 감정, 생각을 '이야기' 하는 데 방점을 두자"라고요. 거기에 더해 저는 강동 구립 둔촌도서관에 혼자 진행하는 프로그램을 만들어 제안했었습니다. 이름하여 [책과 함께 이야기하기]. 2022년 3월부터 8월까지 진행했지요. 강동 구립 둔촌도서관에서 6개월간 〈질문지 독서 모임〉을 진행하면서 또 다른 사실을 알았습니다. '참석자들이 선호하는 게 뭔지 또한 별로 내켜 하지 않는 건 뭔지'를 파악하였습니다. 그들 역시 다른 중장년과 마찬가지로 이야기하기를 좋아했으나 책을 직접 읽는 건 부담스러워했습니다.

자연스럽게 중장년을 대상으로 하는 질문지 독서 〈이야기 나눔〉에서 다룰 분야도 방향이 잡혔습니다. '수필'이었지요. '수필'이란 다른 어떤 분야보다도 작가가 현실 세계에서 체험한 사실을 바탕으로 쓴 글입니다. 따라서 그것에 관한 질문지를 엮어서 독서 모임을 진행하면 좋겠다고 판단했습니다. 왜냐하면 중장년은 대부분 살면서 작가와 비슷한 경험을 했을 가능성이 크기에 그걸 풀어서 이야기하도록 하면 되니까요. 가벼운 철학책도 추가했습니다.

예상대로였습니다. 참석자들은 제가 만든 질문지를 보고 어렵지 않게 자신의 느낌과 경험을 이야기로 풀어냈고 다음 모임을 기다렸습니다. 저는 하고 싶은 일을 만들어서 했기에 힘든 줄 모르고 즐겼습니다. '도랑 치고 가재 잡고' '꿩 먹고 알 먹고' 일석이조였지요.

2023년 9월에는 〈질문지 독서〉 모임의 결과물로 『질문하는 독서 클럽』이라는 책을 출간했습니다. 지난해 8월부터 「독서신문」에 한 달에 한 번씩 〈이야기 독서〉란 제목으로 칼럼을 게재하고 있고요. 강동구 자원봉사센터에서는 중장년들이 〈이야기 독서〉와의 거리감을 좁혀 가깝게 다가오도록 하기 위한 모임을 시작했습니다. 이를 바탕으로 서울시립 강동노인종합복지관에서는 지난 해 하반기에 〈이야기 나눔〉 파일럿 프로그램을 진행했습니다. 올해부터는 상반기와 하반기에 걸쳐 2회 정기 프로그램으로 확정하여 운영하고 있습니다.

책 질문지는 〈이야기 나눔〉을 위한 훌륭한 도구이며 〈이야기 나눔〉은 중장년이 함께 즐길 수 있는 멋진 놀이터입니다. 적게는 두 명, 많게는 10명이면 충분합니다. 다른 사람과 함께할 수 있으니 그 보람은 배가 됩니다. 특히 좋아하면서 동시에 즐기는 일이기에 생각하면 가슴이 설렙니다.

2023년 11월에는 중장년이 함께 즐기는 현장을 소개하는 인터뷰 기사가 언론에 대문짝만하게 실렸습니다. 바로 동아일보의 〈서영아의 100세 카페〉 코너였습니다.

타이틀은 「정년퇴직 10년 차가 고군분투 끝에 찾은 평생 일자리는…」 "내가 '정말로' 즐길 수 있는 일"이었습니다.

동아일보 2023.11.25. 〈서영아의 100세 카페〉 인터뷰 기사 요약

시니어들, '내 이야기' 하면서 치유되고 자존감 높여

서울 강동구에 자리한 서울시민대학 동남권 캠퍼스의 한 교실. 시니어 남녀 10명이 둥근 테이블 앞에 모여 앉아 이야기꽃을 피우고 있다. 책 질문지로 토론하는 독서 모임. 자신들은 '이야기 인생학교'라고도 부른다.

이야기의 화두는 수필집에서 뽑아온 9가지 질문. 예컨대 △싫은 사람 △밥벌이 △전원생활 △멍때리기 △새로움과 마주할 용기 등이 이날의 질문, 즉 화두다. 질문별로 참가자들은 돌아가며 이야기를 쏟아냈다. 화두가 다양하다 보니 평소에 생각지도 않았던 기억이나 경험들이 마구 떠올라 자기도 모르게 얘기하는 경우가 많다고.

김 작가는 2년 전 우연히 책 질문지 만드는 법을 배워 질문지 독서 모임 기획가로 활동하고 있다. 여러 책에서 발췌한 문장과 함께 던지는 질문이 참가자가 자연스레 얘기를 꺼내는 마중물 역할을 한다.

내 사연이 소중하면 당신의 사연도 소중하다

"퇴직 후 중장년을 많이 만났습니다. 그들 대부분이 누군가에게 자기 이야기를 하고 싶지만 그럴 기회가 별로 없다는 사실을 알았습니다. 그리고 이들이 자기 서사를 이야기하며 그 자체로 위로받고 치유된다는 것도요. 나이 든 세대는 하소연 할 데가 없잖아요.

그래서 귀 기울여서 들어주는 누군가에게 이야기하는 것 자체로 마음 치료가 되는 듯했어요."

구성원은 글쓰기나 독서에 관심이 적지 않은 중장년들이다. 현재는 55세부터 78세까지 있다. 자신의 이야기를 하고 나면 뭔가 후련하고 즐거워지는 것을 체험해본 사람들이다.

한 참가자는 "10년 동안 혼자 지내던 생활에서 벗어나 사람들을 만나러 나오는 과정 자체가 용기가 필요했다"라면서 "이제는 매주 이 시간을 기다리게 됐다"라고 말했다. 참가자는 '가는 사람 잡지 않고 오는 사람 막지 않는' 정책이라 조금씩 들고 나며 8~10명 규모로 2년 가까이 유지하고 있다.

동년배들의 동병상련

〈100세 시대〉라고 하니 앞으로 20~30년은 더 뭔가를 해야 합니다. 그렇다면 스스로 길을 찾아야겠지요. 그래서 찾은 일은 두 가지인데요. 첫째는 수필가 등단입니다.

"본격적으로 글을 쓰는 게 100세 시대를 즐기는 길 중 하나라고 생각했어요. 문화센터에 등록하고 열심히 배워 2022년 1월 수필작가로 등단했습니다. 습작으로 쓴 글을 모아『삶의 온도는 따뜻한가요』라는 수필집도 냈지요."

두 번째 찾은 일이 이날 보여준 질문지 독서 모임입니다.

"글을 쓰다 보면 혼자서는 재미있게 지낼 수 있어요. 그런데 동년배들이 눈에 밟히는 거예요. 우리 모임에 나오는 어르신이 78세인데

출석률이 제일 높아요. 말씀 들어보면 '이 나이 되니 불러 주는 사람이 아무도 없다'라는 거예요. 모임에 와서 얘기도 하고 또 연배가 아래인 사람들 얘기를 듣고 하면서 너무 즐겁다고 하세요."

— 중장년 중에서도 특히 70대 남성들이 가장 갈 곳이 없다고 하더라고요. 경로당은 너무 이르고.

"그러니까요. 앞으로도 많은 중장년과 질문지 모임을 함께 하고 싶습니다. 조만간 이분들 이름이 공동으로 들어간 결과물을 만들 생각입니다. 종이책이나 전자책, 동영상이 될 수도 있겠지요. 할 일이 너무 많아요."

나만의 무기를 기르세요

— 베이비붐 세대의 퇴직과 고령자층 진입이 순차적으로 이뤄지고 있죠. 이분들, 살 길을 찾아 각자도생하거나 세상에서 한 발 빼고 조용히 방관자로 살거나 대충 두 갈래인 것 같습니다.

"제가 보기에 극소수 퇴직자들이 뭔가를 하려고 하고, 대부분은 그냥 인생을 놓고 살아요."

— 왜 그럴까요.

"무언가에 새롭게 도전한다는 생각을 쉽게 하지 못하기 때문인 듯합니다. 저는 그런 분들에게 '생산자 측면에서 생각하라'고 늘 얘기해요. 소비자 측면에서 노래를 듣기만 할 것이 아니라 노래건 뭐건 재미있으면 그걸 직접 하라는 거죠. 누구든지 뭔가를 한 2~3년 꾸준하게 붙들고 가면 밥벌이도 된다고 보거든요. 그러면 반응들이 '그동안에는 뭘 먹고 사느냐'고 해요. 하지만 뭘 하든 간에 그 3년은 지나가요. 아무것도 하지 않고 살면 그냥 지나가는 거고 뭔가를 하면 성과물이 조금씩 쌓이는 거죠."

— 좀 더 적극적으로 삶을 개척해나가라는 말씀인가요.

"살면서 내가 다른 사람보다 조금이라도 잘 할 수 있는 무기가 없으면 남들이 차려주는 밥상이나 바라게 됩니다. '나 좋은 밥상 줘, 그럼 내가 먹을게' 이런 생각이거든요. 모두가 다 그런 태도라면 세상이 어떻게 되겠어요. 스스로가 밥상 차릴 생각을 해야지요."

"나를 위해, 타인 위해 밥상 차리는 자세면 제게도 어떤 기회가 올지. 하하…"

21

02 책 질문지

〈이야기 나눔〉과 〈이야기 독서〉는 책 질문지를 바탕으로 만든 프로그램입니다. 다만 〈이야기 나눔〉이 이야기 자체에 방점을 둔다면 〈이야기 독서〉는 책의 내용에 중점을 두는 게 차이점입니다.

책은 우리가 다 알고 있듯이 살아가는 데 필요한 지식이나 정보를 얻는 데 어렵지 않게 접할 수 있는 훌륭한 도구입니다. 다른 사람들에게 지식인(?)인 척하며 뽐낼 수 있는 멋진 무기이기도 하지요. 그러나 책을 가까이 하는 사람들은 소수에 불과합니다. 우리나라 사람들의 평균 독서량도 점점 줄어들어 연간 몇 권 정도에 불과하다는 참담한 조사 결과도 있습니다.

요즘은 과거에 비해 쉽게 정보나 지식을 구할 수 있는 채널이 다양해졌지요. TV, 유튜브, 스마트폰 하지만 독서 인구의 감소가 단지 그런 이유만 있는지는 생각해볼 일입니다.

관점을 바꾸어보면 어떨까요? 지금까지 책은 눈으로 읽는 데 초점이 맞춰졌습니다. 하지만 이제는 책을 바탕으로 독자의 관점을 이야기하도록 하는 데 방점을 두는 건 어떨까요. 제가 〈이야기 나눔〉에 초점을 두고 책 질문지를 엮는 이유이기도 합니다.

그 방법은 선제적으로 책의 주체를 작가보다는 독자 중심으로 돌리는 것입니다. 책의 내용은 중요합니다. 작가의 혼과 땀이 담겨있기에 그렇지요. 그러나 그건 작가의 지식이고 경험입니다. 오롯이 작가 한 사람의 소우주이며, 결국에는 그의 손을 떠날 수밖에 없다는 걸 의미합니다. 독자 중심의 관점으로 바꾸는 출발점은 '그래서 어쩌라고'에서 시작해야 합니다. 작가가 쓴 책을 바탕으로 독자는 어떻게 생각하고 느끼는지를 중요시해야 한다는 말이지요.

독자는 무슨 책을 읽든지 나름대로 자기의 생각과 느낌을 정리할 수도 있습니다. 그런데 혼자 책을 읽든지 독서 모임을 하든지 책의 핵심 내용에 관한 질문이 있다면 체득하는 느낌과 생각은 더욱 깊어질 수 있습니다. 질문을 통해 자신의 경험이나 서사를 떠올려 이야기하며 정리할 수 있습니다. 이에 더해 그것과 관련된 다른 사람의 이야기를 들으며 또 다른 추억을 떠올려 새로운 이야깃거리로 만들 수 있지요. 동시에 자기도 모르게 힐링의 감정도 느끼지요. 이게 여러 명이 함께 이야기 나눌 수 있는 책 질문지의 장점입니다.

지난 몇 년간 나이 든 사람을 많이 만났습니다. 그리고 그들이 누군가에게 자기 이야기를 하고 싶어 한다는 사실을 알았습니다. 하긴 다른 사람에게 이야기하고 싶어 하는 건 젊은 사람이나 나이 든 사람이나 관계없이 대부분의 희망 사항이 아닐까 여겨집니다. 다만 그들의 이야기를 들어줄 인내심이 있는 사람들이 많지 않을 뿐이지요.

　사람들이 함께 이야기하며 즐기도록 도와줄 수 있는 방법을 찾다가 우연히 책 질문지 만드는 법을 알았습니다. 책을 읽고 거기서 핵심 문장을 찾아 사람들이 이야기할 수 있도록 질문지를 하나하나 만드는 거지요. 보통 나이 든 사람들은 책을 가까이하고 싶어 하나 눈이 침침하다는 이유 등으로 그렇지 못하지요. 반면, 저는 책을 읽고 질문지 만드는 게 너무 재미있었습니다. 중장년이 즐길 수 있는 일을 한다는 사명감도 컸습니다.

　제가 만든 책 질문지를 바탕으로 〈이야기 나눔〉 모임을 진행했습니다. 처음에는 의욕이 넘쳐 강동 구립 둔촌도서관에 멋모르고 6개월이라는 적지 않은 기간 동안 진행하겠다고 제안했습니다. 이름하여 〈책과 함께 이야기하기〉란 제목으로. 다룬 책도 『고립의 시대』 『미움받을 용기』 『타이탄의 도구들』 『부의 추월차선』 『지적 대화를 위한 얇고 넓은 지식』 『거꾸로 읽는 그리스 로마사』 등으로 다양했습니다. 저는 〈이야기 나눔〉을 생각하고 시작했으나 나중에 결과적으로 〈이야기 독서〉 프로그램이라는 걸 알았습니다. 책을 읽지 않아도 된다고 강조했으나 책을 읽지 않은 참석자들은 이야기를 나누는 데 어려움을 겪는다는 걸 깨달았습니다. 조금은 전문적인(?) 수준의 책은 그 분야에 관심이 있거나 책을 읽은 사람만이 이야기에 적극 참여할 수 있었습니다. 충분한 산 교육이었지요.

　그걸 교훈 삼아 그다음부터 다룰 책을 수필류나 인생철학으로 한

정했습니다. 왜냐하면 두 분야는 중장년이 책을 읽지 않아도 쉽게 자기 경험과 생각 그리고 느낌을 바탕으로 이야기 할 수 있는 주제라고 생각했기 때문이지요. 이후 두 분야를 중심으로 진행한 〈이야기 나눔〉 모임은 예상대로 단단하게 자리를 잡았습니다. 2023년 11월에 있었던 인터뷰에서 참가자 한 명은 이렇게 말했습니다.

"혼자 지내던 생활에서 벗어나 사람들을 만나러 나오는 과정 자체에 용기가 필요했습니다. 이제는 매주 수필 한 구절을 또래의 사람들과 이야기 나눌 수 있는 이 시간을 기다리게 되었습니다."

〈이야기 나눔〉은 일종의 '품앗이' 입니다. 책 질문지를 바탕으로 내 서사를 이야기하고 다른 사람의 이야기를 들어주는 거지요. 사람들이 경험과 생각을 끌어내 이야기하게 하고 스스로 힐링하고 마음을 치유하는 결과로 이어집니다. 어쩌면 이게 책에서 얻을 수 있는 최고 목적이자 가치인지도 모르겠습니다. 새로운 방식이니 급격한 변화가 일어나기는 어렵겠지요. 그러나 분명히 책이나 독서에 관심 있는 사람들을 늘릴 수 있는 멋진 방법의 하나가 되리라 믿습니다.

모든 분야가 다 그렇지만 공급자보다 수요자의 눈높이에 맞춰야 살아남을 수 있습니다. 한때 '소비자는 왕'이라는 말이 유행했었지요. 공급자가 수요자를 마케팅 대상으로 만들어낸 구호가 아닐까요. 진정으로 수요자, 독서계에 있어서는 작가가 아니라 독자가 중심 위치에 있는 패러다임으로 바꿔야 할 시점입니다. 그 중심에는 이야기 나눔이 있습니다. 그 바탕은 조금이라도 전문적인(?) 책이 아닌 쉽게 이야기를 나눌 수 있는 수필류나 인생철학에 대한 '질문지' 입니다.

03 수필 이야기 하기

　2022년 하반기에 서울시민대학 동남권 캠퍼스〈이야기 나눔〉모임에서는「수필」을 중심으로 진행했지요. 그 계기는 간단했습니다. 같은 해 상반기에는 강동 구립 둔촌도서관에서 기세 좋게 조금은 전문적(?)이라 할 수 있는 책으로 시작했습니다. 하지만 결과적으로는 처음 의도와 달리 누구나 이야기를 나눌 수 있는 책으로는 적절하지 않다고 판단했습니다. 왜냐하면 특정 분야에 관심이 많은 중장년은 즐겁게 이야기하는데 합류했지만 그렇지 않은 중장년은 부담스러워한다는 사실을 알았기 때문입니다.

　서울시민대학에서 진행한 모임에 참석한 중장년은 둔촌도서관에서 절반인 6명이 넘어갔으며 이후 순차적으로 들고 나기를 거듭해 최종적으로 10명이 남았습니다. 시중에 수많은 수필집이 있으나 서울시민대학에서 진행한 기본 텍스트는『The 수필 빛나는 수필가 60』(2019, 2020) 2년치 두 권이었습니다.

　수필은 작가의 감성과 사유를 이야기하면서도 독자들의 보편적 공감을 확보해야 합니다. 작가의 문학적 감수성 이외에도 역사의식, 철학적 사색 등 작가의 인문학적 소양과 인간적 성향이 수필작품 속에 그대로 녹아 있다는 말입니다. 수필은 인간의 존재성으로 직조되어 있는 것이지요. 그래서 수필은 '자기 성찰의 인간학'이라고 부르는 이유기도 하며 누구나 자기의 경험과 느낌을 더할 수 있는 도구라고 할 수 있습니다. 그렇기에 중장년들이 마치 내 이야기인 양 쉽게 몰입할 수 있지요.

두 권 『The 수필 2019 빛나는 수필가 60』과 『The 수필 2020 빛나는 수필가 60』의 책에는 각각 60개씩 총 120개의 제목이 달린 짧은 글이 있습니다. 대부분 어떤 사람 또는 사물이나 사건에 대해 작가가 겪은 경험을 바탕으로 그들이 통찰한 바를 적은 것이지요. 그러나 질문지는 제목 그대로의 이야깃거리로 만들지 않았습니다. 120개 각각의 글에서 이야깃거리가 될 수 있는 구절을 골라서, 그걸 요약하고, 함께 이야기할 질문을 만들었습니다. 질문지를 바탕으로 참가자들은 자기의 경험과 감정, 생각, 느낌을 말하고 들으며 힐링하는 것이지요. 두 권의 책에서 뽑아 참가자들이 함께 이야기를 나눈 질문지의 사례입니다.

〈임종〉

아무리 세월이 흘러도 엊그제 같은 어머니의 아픈 숨소리가 들린다. 세월의 소용돌이에서도 난 어머니의 시간으로부터 자유로울 수 없었다. 온전히 마음을 기울이지 못한 그날이 가슴속을 휘저었다. 임

종을 지키지 못했던 시간이 지금도 회한으로 작동하고 있다.

전미란, 「지금 몇 시냐」, 『The 수필 2019 빛나는 수필가 60』, 북인, (p.158)

저자는 "어머니가 먹고 싶다는 누룽지를 끓여 병원에 가는 도중에 어머니의 몸시계가 멈춰버렸다는 연락을 받았다"라고 합니다. 그래서 아무리 세월이 흘러도 온전히 마음을 기울이지 못한 그날의 회한이 가슴속에 남아 있다고 했지요. 여러분은 부모님이나 조부모님이 돌아가실 때 임종을 지킨 경험이 있나요?

〈부모님의 모습〉

엄마가 보인다. 토독, 토독, 토도독, 산 그림자가 짙게 내려와 누운 봉황산 자락에 깨 쏟아지는 소리가 들린다. 거무죽죽하게 마른 들깨더미가 산처럼 쌓여 있다. 은행나무에 기댄 채 돌아앉아 깨를 터는 엄마의 뒷모습은 작고 쓸쓸하였다. 머리카락을 감싼 하얀 수건엔 검불이 쉬고 웅크린 등으로 고단한 가을바람이 끙끙거리며 지나간다.

이진숙, 「한 걸음」, 『The 수필 2020 빛나는 수필가 60』, 북인, (p.53)

저자는 '은행나무에 기댄 채 거무죽죽하게 마른 들깨더미를 털고 있는 엄마의 뒷모습을 보고 쓸쓸함을 느꼈다'라고 합니다. 엄마의 머리카락을 감싼 하얀 수건에 붙어 있는 검불과 웅크린 등에서는 고단함을 보았다고 했지요. 여러분은 여러분의 어머니나 아버지의 어떤 모습을 보면 '이제 많이 늙으셨네'라고 생각하나요?

04 인생철학 이야기 하기

 중장년들이 자신의 경험을 바탕으로 생각과 느낌을 말하는 도구로 인생 '철학' 류 책도 안성맞춤입니다. 철학이란 중장년이 지금까지 살아온 인생에서 나침반 역할을 한 것들이기 때문이지요.

 지금까지 모임에서 다룬 인생 '철학' 류는 『데일리 필로시피』와 『나도 틀릴 수 있습니다』입니다. 『데일리 필로시피』는 서울시민대학 동남권 캠퍼스의 질문지 독서 모임에서 진행했습니다. 저자는 라이언 홀리데이입니다. 그는 전 세계 30개국 300만 독자들에게 사랑받은 베스트셀러 작가입니다. 책 뒤표지에 있는 '매일 아침, 철학 한 문장을 읽는 건 하루를 바꾸는 가장 간단한 방법이다' 라는 게 핵심 메시지입니다.

 저자의 또 다른 저서로 『에고라는 적』이 있습니다. 『데일리 필로시피』는 아우렐리우스, 에픽테토스 세네카로부터 니체, 셰익스피어, 워런 버핏까지 이어온 삶의 지혜를 만나서 답을 찾아보라고 했지요. '나는 내가 바라는 모습으로 살고 있을까?' '다른 사람과 비교하지 않고 살아갈 수는 없을까?' '불안과 두려움을 어떻게 극복할 수 있을까?' '진정으로 행복한 삶은 어떤 것인가?'

365개의 이야깃거리 중 절반에 가까운 168개의 질문지를 나름대로 다시 만들었습니다. 그리고 총 24회에 걸쳐서 모임을 진행했지요. 질문지는 다른 책과 마찬가지로 이야깃거리가 될 만한 문장을 임의로 골라 요약 설명했고 마지막으로 함께 이야기할 질문을 더했습니다. 이야기를 나눌 질문지는 다음의 사례와 같습니다.

첫째, 삶의 주인

육체적인 욕정이 꼭두각시 인형처럼 우리를 조종하는 것은 훨씬 강력하고 신성한 힘이 우리 안에 있음을 기억하라. 우리의 마음에 무엇이 가득하다고 생각하는가? 두려움, 욕심, 욕망 아니면 그와 비슷한 어떤 것들일까? 마르쿠스 아우렐리우스, 『명상록』, (p.26)

철학은 자신에게 좀 더 주의를 기울이라고 말하며 장기판의 졸이 되지 않기 위해 분투하라고 조언합니다. 이에 대해 저자는 "끊임없이 주의를 기울이고 자각하는 것만이 우리를 삶의 주인으로 살 수 있게 한다"라고 말합니다. 여러분은 삶의 주인으로 살기 위해 어떤 노력을 하고 있나요?

둘째, 무엇을 위해 사는가?

죽음이 숨막히게 짓눌러 올 때 대단히 잘 살았다고 알려진 사람조차 자기 자신을 알지 못하고 죽나니. 세네카, 『티에스테스』, (p.385)

저자는 "종종 우리는 스스로 저지른 행위가 나쁜 짓이었다는 것을 수년이 지난 후 깨닫는다"라고 합니다. 그런 깨달음이 오늘날 드물게나마 이런 질문을 던지게 된다고 합니다. '나는 누구인가?' '무엇이 내게 소중한가?' '나는 무엇을 하고 있는가?' 여러분도 더 늦기 전에 자신에게 물어보세요. '나는 무엇을 위해 사는가?'

『내가 틀릴 수도 있습니다』라는 책은 작은도서관인 우리 문화·역사도서관과 북촌 포럼에서 진행했습니다. 저자 비욘 나티코 린데블라드는 스웨덴에서 출생, 태국밀림의 숲속 사원에 귀의해 '나티코' 즉 '지혜가 자라는 자'라는 법명을 받고 17년간 수행했지요. 45세에 환속하여 일상생활 속에서도 마음의 고요를 지키며 살아가는 법을 전하던 중 2018년 루게릭병을 진단받고 61세의 젊은 나이에 홀연히 세상을 떠났습니다.

핵심 메시지는 두 가지입니다. 하나는 '우리가 극히 무지하다는 걸 이해할 때 지혜가 싹튼다'라고 말하고 '머릿속에 떠오른 생각을 다 믿지 마라'라고 강조합니다. 또 하나는 '좀 더 평온한 시기에 생각을 내려놓는 법을 배우라'고 합니다. 인생에서 어려움에 부닥칠 때 자기 생각을 모두 믿어버린다면 바닥이 없는 심연에 빠져들기 때문에 그렇다고 합니다. 책 전체에서 임의로 39개의 구절을 뽑아 질문지로 만들었습니다. 뽑은 구절을 요약하고 그를 바탕으로 함께 이야기할 질문을 만들었습니다. 두 가지를 질문지 사례로 소개하겠습니다.

첫째, 생각하는 것과 생각의 차이

정신없이 휘몰아치는 생각의 소용돌이에서 잠시 벗어났지요. 그것만으로 놀라운 해방감을 느꼈습니다. 생각이 온전히 사라지진 않았으나 더는 그 속에 매몰되진 않게 된 것입니다. 마치 한 발씩 물러나 제 마음을 지켜볼 수 있게 된 것 같았지요. 그러자 내가 생각을 하는 것이지, 내가 곧 생각과 같은 건 아니라는 걸 깨달았습니다. (p.31)

저자는 "정신없이 휘몰아치는 생각의 소용돌이에서 잠시 벗어나니 놀라운 해방감을 느꼈다"라고 합니다. 거기에 더해 '내가 생각을 하는 거지, 내가 곧 생각과 같은 건 아니라는 사실을 깨달았다' 라고 합니다. '내가 생각을 하는 것이지, 내가 곧 생각과 같은 건 아니다' 라는 의미가 무엇인지 여러분의 의견을 말해보세요.

둘째, '친절하라'

우리가 사는 우주는 무심한 데가 아닙니다. 우리가 내보낸 건 결국 우리에게 돌아옵니다. 세상은 세상 그 자체의 모습으로 존재하지 않지요. 세상은 우리의 모습으로 존재합니다. 그러니 그 안에서 보고 싶은 모습이 있다면 우리가 그런 존재가 되어야 합니다. (p.278)

저자는 "세상은 세상 그 자체가 아니라 우리의 모습으로 존재하기에 그 안에서 보고 싶은 모습이 있다면 우리가 그런 존재가 되어야 한다"라고 합니다. 노르웨이의 유명 TV 프로그램인 〈스캄Skam〉에 '만나는 사람마다 네가 모르는 전투를 치르고 있다. 친절하라. 그 어느 때라도.' 라는 말이 있다고 합니다. 여러분은 세상에서 어떤 '존재'로 살아가고 있나요?

05 책과 함께 이야기 하기

 강동 구립둔촌도서관에서 2022년 3월부터 8월까지 6개월에 걸쳐 「책과 함께 이야기하기」란 프로그램을 진행했습니다. 〈질문지〉 만드는 법을 배우고 실질적으로 첫 번째 시도였지요. 다양한 책을 선택했습니다. 원래 〈이야기 나눔〉 프로그램을 염두해 뒀으나 〈이야기 독서〉 프로그램이 되었습니다. 의욕만 앞서 멋모르고 대들었던 결과였지요. 이때 분야는 크게 세 가지로 나눴습니다. 《힐링과 치유》《성장과 습관》《인문 및 교양》 모임은 분야별로는 2개월씩 나누었습니다. 한 권의 책에 대한 질문지를 한 달에 두 번 다뤘지요.

 《힐링과 치유》를 위한 책은 『고립의 시대』와 『미움받을 용기』를 골랐습니다. 『고립의 시대』는 영국의 가장 영향력 있는 여성 저자 중 한 사람 「노리나 허츠」가 쓴 책이지요. 핵심 메시지는 책 표지에 있는 '전염병이 휩쓸고 간 이후, 세계는 심각한 외로움의 후폭풍에 직면하게 될 것이다.' '초연결 세계에서 격리된 우리는 무엇을 어떻게 해야 할까? 16개의 질문지를 바탕으로 열띤 이야기를 나누었습니다.

그중 대표적인 질문지를 꼽아보면,

〈외로움이란?〉

우리 시대 외로움의 징후는 우리가 정치인과 정치로부터 단절되어 있다는 느낌, 우리의 일과 일터에서 소외되어 있다는 느낌, 사회의 소득에서 배제되어 있다는 느낌, 스스로가 힘이 없고 무시당하는 존재라는 느낌까지 아우른다. 내가 정의하는 외로움은 단순히 남과 가까워지고 싶은 소망 이상을 의미한다. (p.23)

저자가 정의하는 외로움은 단순히 남과 가까워지고 싶은 소망 이상을 의미한다고 합니다. 전통적 척도에 의한 '외로움'보다는 포괄적인 의미를 담고 있다는 것이지요. 여러분이 생각하는 '외로움'에 대해 이야기해 보세요.

『미움받을 용기』는 기시미 이치로란 일본 저자가 쓴 책이지만 그 바탕은 세계 심리학의 3대 거장인 〈아들러〉가 주장한 용기의 심리학입니다. '어떻게 행복한 인생을 살 것인가?'라는 철학적 질문에 아들러 심리학은 단순하면서도 명쾌한 해답을 줬지요. 모든 고민은 인간관계에서 비롯됩니다. 타인에게 미움받는 걸 두려워하지 마세요. 모든 건 용기의 문제입니다. 이게 핵심 메시지가 아닐까요. 19개의 질문지 모두에 멤버들의 관심이 많았으나 특히 다음 질문지에 대한 설왕설래가 많았습니다.

〈대인관계의 고민을 해결할 방법은?〉

철학자 : 누구도 내 과제에 개입시키지 말고, 나도 타인의 과제에 개입하지 않는다. 이것이야말로 구체적이고도 대인관계의 고민을 단숨에 해결할 수 있는, 아들러 심리학만의 획기적인 점이다. (p.171)

철학자는 '누구도 내 과제에 개입시키지 말고, 나도 타인의 과제에 개입하지 말라'라고 합니다. 이게 아들러 심리학의 핵심으로 인간관계의 고민을 일거에 해결하는 방법이라고 합니다. 여러분은 이 방법에 얼마나 동의하나요?

성장과 습관을 이야기한 책은 『타이탄의 도구들』과 『부의 추월차선』입니다.

『타이탄의 도구들』은 글로벌 CEO, 석학, 언론들로부터 '이 시대의 가장 혁신적인 아이콘'으로 평가받는 팀 페리스(Tim Ferris)가 지은 책입니다. 핵심 메시지는 '세계 최고들은 1등이 아니다. 그들은 1등과 싸워 이긴 사람들이다' 그들은 폭발적인 아이디어, 정교한 목표, 강력한 실천으로 인생에서 가장 큰 전환점을 만들어냈습니다. 18개의 질문지를 제시했고 개인적으로 그중 '바쁘다'라는 질문지에 대해 듣고 싶은 게 많았습니다.

〈'바쁘다'의 의미〉

우리가 '바쁘다'라는 말을 입에 달고 사는 이유는 우리가 지금 하는 일의 대부분이 그다지 중요하지 않다는 사실을 가리기 위한 과장

된 피로는 아닐까? (p.319)

　우리 주변에서 가장 많이 발견되는 유형이 있다면, 아마도 '바쁘다'라고 말하는 사람들일 것입니다. 저자는 우리가 '바쁘다'를 입에 달고 사는 건 하는 일의 대부분이 그다지 중요하지 않다는 사실을 가리기 위해서라고 말합니다. 사람들이라고 할 때 그 말의 진정한 의미가 무엇일지 말해보세요.

　『부의 추월차선』의 저자는 엠제이 드마코입니다. 30대에 자수성가한 사업가이며 발명가지요. '천천히 부자 되기' 개념에 반대하는 혁신 전문가이며 작가입니다. 그는 죽도록 일해서 돈을 벌고 아끼고 모으는 것만으로는 절대로 젊어서 부자가 될 수 없다고 말합니다. 그는 '당신을 소유하고 있는 건 누구인가?' '노동 시간은 자유 시간의 대가다'라고 주장했습니다.
　'인생의 운전대'라는 질문지에 많은 이야기가 나왔습니다.

〈인생의 운전대〉

가난의 근원을 추적해 보면 모두 한 가지에서 시작되었음을 알 수 있다. 바로 선택이다. 잘못된 선택은 가난의 주요 원인이다. 당신의 운전대(선택)는 당신의 인생에서 가장 강력한 통제력을 발휘한다. 내가 서행 차선을 부정적으로 보는 이유가 무엇이겠는가? 바로 선택권을 남, 그러니까 회사, 상사, 주식시장, 경제, 그 밖의 모든 형태의 타인에게 넘겨주기 때문이다. (p.206~207)

저자는 "잘못된 선택이 가난의 주요한 원인"이라고 합니다. 부자의 길이 아닌 서행 차선을 부정하는 이유는 선택권을 아예 다른 사람에게 넘겨주기 때문이라고 합니다. 여러분은 인생의 운전대(선택권)를 스스로 잡고 있나요?

인문 및 교양을 이야기하려면 고른 책은 『지적 대화를 위한 넓고 얕은 지식 I (역사, 경제)』과 『거꾸로 읽는 그리스 로마사』입니다.
『지적 대화를 위한 넓고 얕은 지식』은 채사장이라는 독특한 이름의 저자가 썼지요. 저자는 지적 대화를 통해 기쁨을 느끼고 주변 사람들과 넓고 얕은 지식의 공통분모로 대화하고자 이 책을 썼다고 합니다. 한 권으로 현실(역사, 경제, 정치, 사회 윤리) 세계를 통달하는 지식 여행서입니다. 역사편은 역사를 원시, 고대, 중세, 근대, 현대의 다섯 단계로 나눴습니다. 원시부터 근대까지의 역사와 근대부터 현대까지의 역사를 구분해서 세계사의 줄거리를 파악했습니다. 이때 세계를 설명하는 핵심 개념은 생산수단과 공급과잉입니다. 역사가 왜 이렇게 해석되는지에 대한 설명은 경제편과 연결됩니다. 모임 참가자들의 관심이 높은 질문지는 생산수단이었습니다.

〈생산수단〉
생산수단을 소유한 사람은 경제력을 가진 것이고 경제력을 가진다는 건 권력을 가진다는 것이다. (…) 생산수단은 생산물을 만들어내는 공장, 농장 같은 것이다. 생산물은 생산수단에 의해 만들어지는

물건이다. 눈에 보이면 '재화', 눈에 안 보이면 '서비스' (p.31~32)

지금까지 사회는 경제력과 권력의 기반인 생산수단을 가진 소수와 생산물을 생산하는 다수로 구성되어 있었지요. IT 기술 발전에 따른 4차 산업혁명이 도래한 이후 생산물을 생산하는 다수도 생산수단을 소유할 수 있는 환경으로 바뀌었습니다. 이에 대해 여러분은 어떻게 생각하는지요?

『거꾸로 읽는 그리스 로마사』의 저자는 캐릿 라이언입니다. 그는 현재 여러 대학교에서 역사를 가르치고 있지요. 이 책은 미술관에 갔다가 학생들의 질문에 힌트를 얻어 질문에 답하는 형식으로 36개의 주제를 골라 기술하였습니다. 신화가 아닌 보통 사람의 삶으로 본 그리스/로마 이야기입니다. 그는 '그리스 로마인의 생활상을 아는 게 서양 문명의 본질을 꿰뚫는 것'으로 진단했으며 '수천 년 전 그리스 로마인들은 어떤 고민과 선택을 하며 살았을까?' '인류 문명의 뿌리가 보이는 그리스/로마 보통 사람들의 일상은 오늘날 현대인의 그것과 얼마나 다를까?' 라는 걸 파헤쳐 봤습니다.

〈영혼〉

죽은 자들의 영혼이 산 자의 땅에서 완전히 분리된다고 믿지 않았다는 것이다. 그리스인과 로마인 모두 죽은 자들은 자기 무덤에 드려진 희생제물을 즐기므로 이들을 기쁘게 하는 게 현명하다고 믿었다.

(p.175)

저자는 "그리스인들은 어떤 영혼들이 전체 공동체를 축복하거나 저주하는 힘을 가졌다고 믿었다"라고 합니다. 로마인들 역시 죽은 자들의 은총을 구하는 데 더 초점을 두었다고 했지요. 여러분은 그리스나 로마 사람들의 '산 자와 죽은 자의 영혼이 완전하게 분리되지 않는다는 믿음'에 대해 어떻게 생각하나요?

제2부
이야기 나눔을 위한
책 질문지 (수필)

들어가기

1. 가족이라는 이름으로

2. 일과 밥벌이의 의미

3. 소소한 일상 속 특별한 순간

4. 사람 사이의 소통

5. 고향과 추억의 장소

6. 세월이 흘러도 변하지 않는 것들

7. 새로운 도전과 깨달음

8. 자연과 함께 사는 삶

9. 나이 듦을 준비하는 마음

들어가기

〈이야기 나눔〉 모임에 참가한 사람들은 누구나 쉽게 수필을 바탕으로 자기의 경험과 감정, 생각, 느낌을 말하고 들으며 힐링할 수 있습니다. 왜냐하면 수필은 대부분 중장년이 저자와 비슷하게 경험했을 가능성이 높기 때문입니다. 그런 면에서 수필은 그들의 눈높이에 맞는 멋진 이야기 도구임이 분명합니다. 서점이나 도서관에 가보면 수필류 책은 다양하고 그 숫자도 엄청납니다. 여기서는 세 권의 책으로 〈이야기 나눔〉을 위한 질문지로 만들어 제시했습니다. 하나는 시인이며 소설가이자 수필가인 박상률 작가의 『풀잎 떨어지는 소리 눈물 떨어지는 소리』입니다. 또 다른 하나는 2019년에 한국 산문 문학상을 받은 박병률 작가의 『아내와 피아노』입니다. 마지막 세 번째는 저자가 쓴 수필집 『삶의 온도는 따뜻한가요』입니다.

세부적으로는 〈가족이라는 이름으로〉, 〈일과 밥벌이의 의미〉, 〈소소한 일상 속 특별한 순간〉, 〈사람 사이의 소통〉, 〈고향과 추억의 장소〉, 〈세월이 흘러도 변하지 않는 것들〉, 〈새로운 도전과 깨달음〉, 〈자연과 함께 즐기는 삶〉, 〈나이 듦을 준비하는 마음〉 등 9개로 분류했습니다.

Chapter_2 수필

02 이야기 나눔 요령

참가자들이 돌아가면서 각각의 소제목(1-9)에 있는 '붉은색으로 된 구절'을 읽음

이야기 힐링 지도사가 그 아래에 있는 질문지를 읽음

이후 이야기 힐링 지도사, 참가자가 함께 소제목의 이야깃거리를 중심으로 각자의 경험과 생각, 느낌을 이야기하고 들으며 힐링

이야기 힐링 지도사는 주도자이기보다는 조정자(Faciltator) 역할

이야기 힐링 지도사는 다른 참가자와 똑같은 자격으로 이야기하고 듣기

이야기 나눌 책자(3권) 요약

◎ 『꽃잎 떨어지는 소리 눈물 떨어지는 소리』

책자 및 저자 소개	『꽃잎 떨어지는 소리 눈물 떨어지는 소리』 박상률, 해냄 (2021.11.) 저자의 작품으로는 시집 『진도아리랑』, 소설 『봄바람』 『나는 아름답다』, 희곡집 『풍경 소리』 『개남전』 등이 있다. 삶의 인연에 대한 따듯한 시선과 소박하고 인간적인 말들로 오늘을 지키며 살아가고 있다.
핵심 메시지	사라져가는 것들 사이에서 숨 쉬고 더불어 사랑하며 살아내는 오늘, 만남과 이별, 삶과 죽음 빛과 그림자의 순리와 인연 속에서 산다는 건 끊임없이 나를 일으켜 세우는 일…

◎ 『아내와 피아노』

책자 및 저자 소개	『아내와 피아노』, 박병률, 한국산문 저자는 2015년 「허물어지는 것들」로 수필가로 등단. 2019년에 한국산문문학상을 수상했고 저서로 『행운목 꽃필 때』가 있다.
핵심 메시지	글쓰기는 고통을 동반한 생명의 탄생이다. 내 안에 잠자고 있는 이야기를 깨우는 일로, 마음에 담아둔 이야기를 풀어낼 때 '어미 닭처럼 알을 품고 마음 한구석에 꽃씨를 심으리' 라는 기도하는 마음이 있다.

◎ 『삶의 온도는 따뜻한가요?』

책자 및 저자 소개	『삶의 온도는 따뜻한가요?』, 김학서, 낙서당(2022.9.) 저자는 2022년 1월 수필가로 등단. 한국무역협회 상하이 지부장, 상하이 엑스포 한국기업연합관 관장 등을 역임. 다양한 분야의 책 질문지를 만들었고 〈이야기 나눔〉 기획가로 활동.
핵심 메시지	'따스함' 은 동심이다. 따스함으로 무장한 사람은 나이가 들어도 '동심' 이 있다. '따스함' 은 관심이다. 관심은 지향성을 나타내는 마음의 주관적인 상태이다. '따스함' 은 사랑이다. 어떤 사람이나 존재를 아끼고 소중히 여기는 마음이 사랑이다. 사랑은 받는 게 아니라 주는 것이다.

01 가족이라는 이름으로

◐ **주제 이해하기**

우리는 누군가의 가족으로 살아가고 있습니다. 여기에 소개된 '가족'과 관련된 이야기 소재를 바탕으로 여러분의 경험이나 떠오르는 느낌이나 생각을 나눠보세요.

◐ **이야기 나눔**

01 고마움

돈으로 치면 결코 큰 액수에 해당하는 값어치는 아닐지 모르지만, 아내는 시골집에서 오는 '보급품'을 다른 어떤 물건보다도 소중히 여긴다. 작은 참깨 한 알, 마른 고사리 한 가닥에도 시어머니의 손길이 직접 닿지 않은 것이 없는 까닭에 돈으로 칠 수 없는 시어머니의 속뜻이 헤아려지고도 남기 때문이다.

『풀잎 떨어지는 소리 눈물 떨어지는 소리』, (p.17)

저자의 아내는 시골집에서 오는 '보급품'을 다른 어떤 물건보다 소중히 여깁니다. 큰 액수의 값어치가 있는 건 아니지만 시어머니의 속뜻이 헤아려지고도 남기 때문이라고 했지요. 여러분도 살면서 누군가로부터 물건을 받고 고마움을 느낀 적이 있나요?

―――――――――――――――――――――――

―――――――――――――――――――――――

02 터무니없는 이야기

말도 안 되는 애먼 소리를 들었으나 어머니는 자식들 앞이라 그런지 일절 대꾸하지 않았다. 우리 집에서 큰 소리가 나는 걸 들었는지 양은 가게 아저씨가 집 안으로 들어왔다. 이번에는 아저씨에게 "안사람과 어떤 사이냐?"라고 다그쳤다.

『삶의 온도는 따뜻한가요?』, 「당신 저 사람 좋아해?」, (p.54)

저자의 어머니는 이웃집 아저씨를 친절하게 대했다는 이유로 아버지로부터 애먼 소리를 들었습니다. 어머니는 속상하고 억울했겠지만 아무 대꾸도 하지 않았다고 합니다. 여러분도 누군가로부터 생각지도 못했던 '터무니없는 이야기'를 듣고 속상했던 기억이 있나요?

―――――――――――――――――――――――

―――――――――――――――――――――――

03 횡재

사람들은 뜻밖에 재물을 얻는 것을 '횡재했다'라고 말한다. 그렇다면 거의 잃을 뻔한 재물을 잃지 않았을 때는 무엇이라고 할까? 그것도 마찬가지로 '횡재했다'라고 말할 수 있지 않을까? 나와 아내는 신혼생활을 시작하면서 바로 그해 크리스마스에 그런 횡재를 한 것이다. 상동, 「어떤 횡재」, (p.60)

저자는 "뜻밖에 재물을 얻는 거와 마찬가지로 거의 잃을 뻔한 재물을 잃어버리지 않은 것도 '횡재했다'"라고 말합니다. 신혼집에 도둑이 들었지만 잃어버린 게 없어서 횡재한 것이라 합니다. 잃어버리지 않은 것도 '횡재'라는 저자의 말이 어떤 의미라고 생각하나요?

_____

_____

04 할아버지

운전기사 아저씨가 쌀자루를 포함한 내 짐을 버스에서 내려놓자 젊은 짐꾼들이 앞다투어 몰려들었다. (…) 그런데 그날은 그들 뒤쪽에서 달려들지 못하고 멀뚱히 쳐다보기만 하는 60대 중반의 할아버지가 눈에 뜨였다. 나는 내 짐 가까이 있는 젊은 사람들을 제쳐두고 그 할아버지를 불렀다. 상동, 「쌀자루」, (p.69)

저자는 어렸을 때 부모님이 시골에서 농사지은 쌀을 담은 '쌀자루'를 운반했다고 합니다. 버스에서 내린 짐은 젊은 짐꾼들이 차지하는데 그날은 뒤쪽에서 멀뚱거리기만 하는 할아버지를 일부러 불러 맡겼다고 합니다. 여러분은 저자가 짐 나르는 걸 젊은 짐꾼이 아닌 할아버지에게 시킨 이유가 무엇인지 말해보세요.

_____

_____

05 크리스마스 선물

양말은 발을 따뜻하게 해주는 물건이기도 하지만 아이들에게는 소원을 들어주는 요술 주머니이기도 하다. 물론 우리 부모님은 돌아가실 때까지 그 사실을 모르셨겠지만. 올 크리스마스 때는 오랜만에 다

시 양말을 걸어놓아야겠다. 혹시 예전에 선물을 주시지 못한 걸 아쉬워하시는 어머니나 아버지를 꿈속에서라도 다시 뵐 수 있을지 모르니까. 상동, 「양말」, (p.12)

저자의 '어머니나 아버지는 돌아가실 때까지 아이들에게 크리스마스 선물을 준다는 사실을 알지 못했다' 라고 합니다. 그러나 꿈속에서 다시 뵐지도 모르니 올 크리스마스 때는 양말을 걸어놓겠다고 합니다. 여러분이 받았거나 줬던 크리스마스 선물을 이야기해보세요.

---

06 혈액형

고향 친구와 산행에 나섰다. 아차산 긴 고랑길을 지나서 고개를 넘자마자 친구가 잠시 쉬어가자고 했다. (…) 커피 향이 은은하게 퍼질 때 친구가 뜬금없는 말을 꺼냈다.

"어이, 자네 부인 혈액형이 뭐여?" "B형?" "자네는?" "A형" "우리 부부랑 똑같네." 「아내와 피아노」, 「A형 남자 B형 여자」, (p.43~44)

저자는 친구와 산행에 나섰을 때 친구가 "자네와 자네 부인의 혈액형은?"이라고 물었습니다. 저자와 친구 부부는 '남편은 A형, 부인은 B형'임을 알았습니다. 여러분과 배우자의 혈액형은 무엇입니까?

⊙ 이야기 정리하기

"뜻밖의 재물을 얻은 것과 마찬가지로 잃을 뻔한 재물을 잃지 않아도 '횡재'"라는 글이 인상적입니다. 여러분도 6개의 에피소드 중 비슷한 경험이 있다면 이야기해보세요.

02 일과 밥벌이의 의미

◐ 주제 이해하기

살아가면서 일을 하며 밥벌이도 합니다. 여기에는 6개의 에피소드가 있습니다. 각각의 바탕으로 여러분의 이야기를 해보세요.

◐ 이야기 나눔

01 이야기 할머니

아내는 '이야기 할머니'다. 어린이집 몇 군데를 다니면서 아이들한테 옛날이야기를 들려준다. 내가 운전기사를 자청해서 어린이집까지 아내를 태워다 준다. 아내가 끝날 때까지 주차장에서 기다렸다가 아내와 함께 집으로 향했다. 『아내와 피아노』, 「오리발(?) 내밀기」, (p.162)

저자의 아내는 어린이집에서 '이야기 할머니' 일을 한다고 합니다. 저자는 아내를 어린이집까지 태워다주고 집에 함께 오는 운전기사 역할을 한다고 했지요. 여러분은 '이야기 할머니'에 대해 알고 있나요?

02 잘나갈 때

돌들이 나서서 '우리 사이좋게 지내자'라며 돌멩이를 환영했다. 하지만 바위가 돌멩이로 살아야 한다고는 쉽게 생각이 바뀌지 않았다. 돌멩이는 지난 일을 떠올렸다. (…) 돌멩이는 낮이면 산봉우리를 올려다보고 밤에는 별을 바라보며 외로움을 달랬다. 상동, 「왕년에 바위였다고?」, (p.180~181)

매끄러운 돌들이 나서서 굴러온 돌멩이를 위로했습니다. 하지만 돌멩이는 자기의 바뀐 처지를 쉽게 받아들이지 못하고 바위였던 시절을 그리워합니다. 여러분이 잘나가던 때를 떠올려 이야기해보세요.

---

03 먹어봐야 맛을 아나?

십수 년 전 소설가 송기숙 선생 그리고 한승원 선생과 무슨 심사를 함께 한 적이 있었다. 나는 열심히 작품을 읽고 있는데 두 분은 맥주인지 포도주인지를 드시면서 대작하셨다. 송 선생 왈, "자네 뭣 하는가? 이리 오소. 가마솥 국을 다 먹어야 국 맛을 아는가? 한 숟갈만 떠먹으면 알아야지"라고 하셨다. 한승원 선생도 끄덕끄덕. 『풀잎 떨어지는 소리 눈물 떨어지는 소리』, (p.113)

저자는 십수 년 전 유명한 소설가 두 명과 작품을 심사했습니다. 그때 소설가 한 명이 저자에게 "가마솥 국을 다 먹어야 국맛을 아는가, 한 숟갈만 떠먹으면 알아야지"라고 했습니다. 여러분이 무슨 일을 할 때 선배로부터 이런 이야기를 들었다면 어떻게 대응했을까요?

04 노력

소설가 문순태 선생은 왕년 신문사에서 편집국장으로 지낼 때, 기자가 기사 원고를 써서 올리면 그 전날 이 기자가 술을 마시고 아침에 기사를 썼는지 맨정신으로 썼는지를 알 수 있다고 하셨다.… 요즘 소설을 보면 작가가 현장을 답사하거나 자료를 제대로 뒤적였는지, 인터넷에서 적당히 검색해서 작품을 꾸렸는지를 알겠다고 하셨다. 상동, (p.117)

신문사 편집국장을 했던 소설가 문순태 선생은 기자가 쓴 글을 보면 전날 뭘 했는지 알 수 있다고 합니다. 소설을 보면 그걸 쓰기 위해 작가가 얼마나 노력했는지도 알겠다고 했지요. 여러분도 여러분이 하는 일에 대해 이런 경지에 도달했다고 생각하나요?

---

05 책방 사랑

평생 외길로 헌책만 사랑하며 살다 가신 공진석 선생님의 삶이 우리에게 주는 뜻은 한, 두 가지가 아니다. 그런데 그중에서도 치열한 자기 수련이 첫 번째일 것이다. 끊임없이 배우고 무언가 자기 발전을 위해서 갈고 닦는 생활 태도, 그러한 삶의 자세가 그분으로 하여금 '글쓰기'를 하게 하였고 그 결과 유품 속에 적잖은 원고 뭉치가 들어 있게 되었다. 상동, (p.236)

저자는 "평생 외길로 헌책만 사랑하며 살다 가신 공 선생님의 삶이 우리에게 시사하는 바는 크다"라고 합니다. 특히 자기 발전을 위해 끊임없이 배우고 익히는 생활 태도는 우리가 배울 점이라고 합니다. 여러분은 어떤 삶을 살았나요?

06 닉네임

이들멘! 잘 지어진 닉네임이다. 하지만 걱정되는 게 있다. 사람은 나이가 들면 남의 말을 듣지 않고 자기 고집만 부리는 경향이 크다. 나 역시 나이를 먹을 만큼 먹었다. 앞으로도 예전처럼 다른 사람의 이야기를 잘 들어주고 공감하는 마음이 살아있을지?

『삶의 온도는 따뜻한가요?』, 「'이들맨'이 아니라 '이들멘'」, (p.111)

저자는 어느 모임에서 '이야기를 잘 들어 주는 멘토'를 줄인 이들멘이라는 닉네임을 만들었다고 합니다. 자신의 장점을 살려서 그런 닉네임을 만들었으나 나이가 들어서도 그런 마음을 유지할 수 있을지 걱정된다고 합니다. 여러분도 여러분을 잘 나타낼 수 있는 닉네임이나 부캐를 갖고 있나요?

○ 이야기 정리하기

일과 밥벌이에 관한 6개의 에피소드가 소개되었습니다. 여러분의 가슴에 제일 와닿는 이야기는 무엇인가요?

03 소소한 일상 속 특별한 순간

◐ 주제 이해하기

누구나 소소한 일상을 살아가지만 어느 순간은 특별하다고 느낍니다. 여기에서 소개하는 에피소드와 비슷한 이야기가 있다면 떠올려서 나누어 보세요.

◐ 이야기 나눔

01 봉숭아 물들이기

며칠 뒤, 할머니의 장례식이 끝났다는 걸 알았다. 할머니가 없는 집에서도 여름 동안은 꽃이 피어 있었다. 우리 집 화분에선 분홍과 주황 봉숭아꽃이 섞여 피어났다. 아들 녀석과 나는 봉숭아 꽃잎을 따서 백반과 함께 버무려 손가락에 동여맸다. 생전 처음으로 봉숭아 물들이기였다. 할머니의 저승길이 밝아지기를 바라고 바랐다. 참으로 긴 여름이었다. 『풀잎 떨어지는 소리 눈물 떨어지는 소리』, (p.56)

할머니가 돌아가신 후에도 여름 동안 봉숭아꽃은 피어 있었습니다. 저자는 할머니가 나눠준 씨앗을 심어 핀 꽃으로 봉숭아 물들이기를 하며 할머니의 저승길이 밝아지길 기원했습니다. 여러분도 저자의 '봉숭아 물들이기' 처럼 잊지 못할 이야기를 찾아서 말해보세요.

02 애창곡

홀어머니를 두고 시집가는 딸의 애틋한 마음을 노랫말에 담은 〈칠갑산〉을 들을 때마다 난 가슴이 아리고 눈물이 핑 돈다. 이 노래는 발표된 지 벌써 여러 해가 지났지만 지금도 술자리 같은 곳에 가면 부르는 사람이 꼭 하나쯤은 있을 정도로 많은 사람의 애창곡이 되었다. 상동, (p.20)

저자는 "〈칠갑산〉이라는 노래를 들을 때마다 가슴이 아리고 눈물이 핑 돈다"라고 합니다. 홀어머니를 두고 시집가는 딸의 애틋한 마음을 오롯이 느꼈기 때문이지요. 여러분의 심금을 울리는 '나만의 애창곡'과 그렇게 된 이유를 이야기해보세요.

03 그리움

평균 수명으로 따져볼 때 인생 후반기에 진즉 접어든 지금도 나는 '소녀'라는 말이나 '여인'이라는 말을 들으면 까닭 모를 그리움으로 가슴이 싸하다. 이름하여 '서늘한 그리움'이다. 가슴 한구석에 그리움의 존재가 남아 있기는 하지만 내 힘으로, 아니 내가 세상과 지은 인연으로 어찌해 볼 수 없기에 그만 서늘한 그리움이다. 상동, (p.47)

저자는 "나이가 든 지금도 '소녀'나 '여인'이라는 말을 들으면 까닭 모를 그리움으로 가슴이 싸하다"라고 합니다. 가슴 한구석에 그리움의 존재로 남아 있긴 하지만 그건 내 힘으로는 어쩔 수 없는 추억일 뿐이기에 그런 거지요. 여러분의 가슴 속에 있는 '서늘한 그리움'의 대상이 있다면 이야기해보세요.

04 결혼식 풍경

양가 부모가 신랑 신부에게 덕담 한마디씩 하는 자리였다. 신랑 측이 끝나고 내가 바통을 이어받았다. "안녕하세요. 신부 아비 되는 사람 ○○○입니다. ○○군과 ○○양의 결혼을 축하합니다. 잔치에 참여하신 하객 여러분 고맙습니다. 아울러 '막내 사위'라는 이름표를 붙여 저의 가정에 보내주신 사돈어른 감사합니다. 『아내와 피아노』, 「나는 딸 바보」, (p.29)

저자는 딸 결혼식에서 덕담하는 자리가 있었다고 합니다. 여기서 '막내 사위'라는 이름표를 붙여 보내준 사돈어른에게 감사 표시를 했습니다. 여러분이 가본 결혼식 풍경을 떠올려 이야기해보세요.

05 돌발상황

핸드폰을 분실하고 다시 찾기까지 30여 분의 시간이 '악몽'으로 남을 가능성이 컸으나 다시 원점으로 되돌아갔다. 평생 잊지 못할 해프닝은 아무 일도 없었던 듯이 마무리되어 5시에 일행과 함께 출발했다. 버스를 타고 가면서 짧은 시간 동안 많은 상념이 비디오처럼 머리를 스쳤다. 『삶의 온도는 따뜻한가요?』, 「원점」, (p.50)

저자는 레일 바이크를 타다가 핸드폰을 분실한 걸 알고 당황했다고 합니다. 하지만 전혀 모르는 사람들의 도움으로 그걸 찾아 아무 일도 없었던 듯 버스에 올라 많은 걸 생각하게 되었다고 합니다. 여러분이 겪었던 예측못한 '돌발 상황'을 끄집어내서 이야기해보세요.

---

06 코로나 경험

"지난 수요일에 우리 치과에 오셔서 치료받으셨지요. 그런데 그날 확진자가 발생했어요." 치과에는 세 명이 있었다. 의사 한 명과 간호사 두 명. 그중에 간호사 한 명이 코로나 확진 통보를 받았고, 의사와 나머지 한 명도 코로나 검사를 해서 '음성 통보'를 받았다고 했다.

상동, 「새해 선물」, (p.29)

저자는 코로나가 무서워 정기적으로 다니던 치과에 가는 발길을 끊었다가 2021년 연말에 다시 갔다고 합니다. 그런데 '가는 날이 장날'이라고 마침 그날 저자를 치료했던 간호사가 '코로나 확진'을 통보받았다고 합니다. 그때 코로나가 오랫동안 이어져 사람들이 힘들어했는데 여러분이 겪었던 코로나 경험을 말해보세요.

◑ 이야기 정리하기

일상이 루틴이지만 가끔은 특별한 때도 있지요. 봉숭아 물들이기는 어릴 적 추억을 떠올릴 수 있고 결혼식도 흔한 풍경은 아니지요. 여러분의 특별했던 일을 떠올려 이야기해보세요.

04 사람 사이의 소통

○ 주제 이해하기

사람은 다른 사람과 관계를 맺고 살아갑니다. 좋은 관계를 유지하기 위해서는 소통이 중요합니다. 여기에 소개하는 이야기와 관련하여 여러분의 경험이나 느낌, 생각을 이야기해보세요.

○ 이야기 나눔

01 얼굴 여행

여행은 이처럼 현실 공간에서만 떠나는 것이 아니다. 사람들 사이로 떠나는 여행도 있다. 현실 공간에서 떠나는 여행은 반드시 자신의 몸을 어디론가 이동시켜야 하지만 사람 사이로 떠나는 여행은 굳이 그럴 필요가 없다. (…) 어려서부터 숱하게 만난 사람들의 얼굴을 시간이 날 때마다 가만히 떠올리면 그 삶 수만큼이나 얼굴 생김만큼이나 다양한 삶의 이야기가 떠오른다.『풀잎 떨어지는 소리 눈물 떨어지는

소리』, (p.127)

　저자는 "현실 공간에서 떠나는 여행도 있지만, 몸을 이동시키지 않고 사람 사이로 떠나는 여행도 있다"라고 합니다. 그동안 만났던 사람들의 얼굴을 떠올리며 그들의 다양한 삶에서 필요한 지혜를 얻을 수 있다고 합니다. 여러분도 틈날 때마다 사람 여행을 떠나 보면 어떨까요?

―――――――――――――――――――
―――――――――――――――――――

02 인연

살다 보면 만나서 좋은 사람도 있고, 만나지 않았으면 더 좋은 사람도 있다. 문학 스승을 만남으로써 나 자신이 더욱 문학적으로 성숙하는 계기가 되었으니, 그분들은 두말할 것도 없이 좋은 인연! 또 그분들을 통해서 만난 문단의 선후배와 동료들도 마찬가지로 좋은 인연! 상동, (p.132)

　만나서 좋은 사람, 만나지 않았으면 더 좋은 사람도 있지요. 저자는 "몇 명의 문학 스승을 만나 자신이 문학적으로 더욱 성숙하는 계기가 되었으니 좋은 인연이다"라고 합니다. 여러분이 그동안 만난 좋은 인연이나 만나지 말았으면 하는 인연이 있다면 이야기해보세요.

―――――――――――――――――――
―――――――――――――――――――

03 곱씹을 꺼리

흔히 인생의 부자란 물질적인 재산보다 추억이 많은 이라고 한다. 이즈막에서 자꾸만 추억을 곱씹어야 하는 일이 생긴다. 그렇다면 나

는 부자인가? 아닌 것 같다. 나이가 들어서겠지! 어쩌면 나도 살 만큼 산 것인지도……. 상동, (p.222)

저자는 "인생의 부자란 물질적인 재산보다 추억이 많은 사람이다"라고 합니다. 하지만 자신에게도 추억을 곱씹어야 하는 일이 자주 생기는데 그건 부자가 아니라 나이가 들어서라고 합니다. 여러분도 곱씹어야 할 추억이 많이 있나요?

---

04 말하기와 듣기

그런 면에서 나는 남들보다 좋은 장점을 하나 가지고 있다. '말하기'보다는 '듣기'에 익숙한 게 바로 그것이다. 모임에 가거나 누군가와 만났을 때 일단 '듣기' 모드를 취한다. 먼저 이야기를 주도하지 않는다는 말이다. 누구든지 하고 싶은 이야기를 맘껏 하도록 내버려둔다. 어떨 때는 모임에 가거나 누군가를 만나서 한마디도 하지 않고 끝내는 경우도 적지 않다.
　『삶의 온도는 따뜻한가요?』, 「어쩜 그렇게 말씀을 잘하세요」, (p.92)

저자는 누군가와 대화할 때 '말하기' 보다 '듣기'에 익숙하다고 합니다. 상대방에게 집중해서 맞장구만 쳐줘도 '어쩜 그렇게 말씀을 잘하세요?' 라는 역설적인 말을 듣는 경우가 많다고 합니다. 여러분은 '말하기'를 좋아하나요? 아니면 '듣기'를 좋아하는 편인가요?

05 대화

보통 사람들의 경우 아무리 오랫동안 함께 산 부부라도 말을 하지

않으면 상대의 마음을 완전히 헤아리기는 불가능하다. '부부는 일심동체'라는 말도 있고 '척 하면 삼천리'라는 말도 있지만 표현하지 않으면 다 무용지물이다. 사람은 누구나 상대방과 소통할 때 자기가 믿는 방식으로 생각하고 행동한다. 설령 부부 사이에서도 마찬가지다.

상동, 「'무'만 범인일까?」, (p.96)

저자는 "부부는 일심동체라는 말도 있으나 말을 하지 않으면 상대의 마음을 완전히 헤아리기는 불가능하다"라고 합니다. 부부지간이라도 자기가 믿는 방식으로 생각하고 행동한다는 거지요. 여러분은 다른 사람과 대화할 때 어떤 방식으로 소통한다고 생각하나요?

―――――――――――――――――――

―――――――――――――――――――

06 후원

편지를 다 읽고 봉투에 집어넣을 때 딸들도 저마다 한 사람씩 후원하는 아이가 있다며 이야기꽃을 피웠다. 내가 아이들은 언제부터 후원했냐고 물었다. "아마 7년쯤 됐을 걸요. 동생들아, 그렇지?" 큰딸이 동생들과 약속이라도 한 것처럼 큰 소리로 말했다. 『아내와 피아노』, 「편지」, (p.56)

저자는 아프리카의 브룬디공화국에서 편지를 한 장 받았다고 합니다. 그걸 바탕으로 딸들과 함께 후원하는 아이에 대한 이야기꽃을 피웠습니다. 여러분도 편지나 후원에 대한 추억이 있다면 말해보세요.

―――――――――――――――――――

―――――――――――――――――――

○ 이야기 정리하기

'사람 사이의 소통'이란 주제에서는 6개의 각기 다른 에피소드가 있습니다. '얼굴 여행'이란 소재가 신선합니다. 여러분에게 새롭게 떠오르는 느낌이나 생각을 말해보세요.

05 고향과 추억의 장소

○ **주제 이해하기**

사람들은 대부분 고향이 있고 잊지 못할 추억의 장소 한 두개쯤은 마음속에 간직하고 있습니다. 그 경험이나 생각을 나누어 보세요.

○ **이야기 나눔**

01 고향의 삶

고향의 삶은 집단적이고 기계적이고 물질주의로 사는 삶이 아니라 공동체적이고 자연적이고 문화주의로 사는 삶이다. 고향의 삶은 인간을 인간답게 하는 요소를 두루 갖추고 있다. 이웃 간의 유대 관계가 깊고, 깊은 그 유대 관계를 바탕으로 하여 어찌 보면 진정한 의미의 평등 사회를 이루고 사는 삶이 고향의 삶이다. 너나없이 함께 행복해지는. 『풀잎 떨어지는 소리 눈물 떨어지는 소리』, (p.38)

저자는 "고향의 삶은 공동체적이고 자연적이고 문화주의로 사는 삶이다"라고 합니다. 인간을 인간답게 하는 요소를 골고루 갖추고 있으며, 누구나 더불어 행복해질 수 있는 삶이라고 합니다. 우리 대부분이 고향을 떠나 살고 있는 현실에서 어떻게 하면 저자가 주장하는 '고향의 삶'을 살 수 있을까요?

02 첫 해외 여행지

김포공항에서 첫 해외 나들이를 한다는 들뜬 마음으로 비행기를 탔다. 하늘길을 따라 생전 처음 지구를 약 6시간 정도 돌아 도착한 곳은 태국 방콕이었다. 공항을 나서며 제일 먼저 마주한 건 무덥고 후덥지근한 동남아 지역 특유의 날씨였다. 요즘 우리나라 7, 8월의 찐득찐득한 폭염 날씨를 이미 40여 년 전 첫 해외 여행지인 방콕에서 경험했다. 『삶의 온도는 따뜻한가요?』, 「바가지」, (p.62)

저자는 40여년 전 태국 방콕으로 첫 해외여행을 갔다고 합니다. 첫 해외여행의 설렘이 대단했을텐데 기억에 남는 건 무덥고 후덥지근한 동남아 지역 특유의 날씨뿐이라고 합니다. 여러분의 첫 해외 여행지는 어디인지 그리고 그곳에서의 느낌이 어땠는지 말해보세요.

03 기분 좋았던 경험

'몸동작은 가볍게 사뿐사뿐, 걸음걸이는 빠르게 가뿐가뿐'
마지막 순간에 걷기의 정수를 확실하게 보여준 여신을 다시 만나다니! 한 시간 이상을 빠른 속도로 걸어서 몸은 땀으로 목욕할 정도

로 힘들고 지쳤으나 마음은 엔도르핀이 마구마구 솟아오르는 듯 행복했다. 상동,「걷기의 여신」, (p.82~83)

저자의 "공원을 걷는 마지막 순간에 '걷기의 정수'를 확실하게 보여준 여신을 다시 만났다"라고 했습니다. 몸은 땀으로 목욕할 정도로 힘들고 지쳤으나 마음만은 엔도르핀이 마구 솟아오른 듯 행복했다고 합니다. 여러분도 무언가를 하면서 기분이 좋아졌던 경험이 있다면 되돌아보면서 이야기해보세요.

---

04 안부 전화

"선생님, 설 명절 잘 보내세요! 가까이 계시면 세배도 드리러 가야 할 텐데요." "뭔 소리여, 제자 목소리를 듣는 것만 하여도 행복이여. 새해에도 가정이 행복하길 바래."

(…) 선생님께 내 수필집『행운목 필 때』를 드려서 그런지 '박 작가'라고 부르신다. 『아내와 피아노』,「선생님의 목소리」, (p.24)

저자는 설 명절을 맞아 고향에 계신 은사님에게 전화했다고 합니다. 예전에 저자가 쓴 책을 드려서 그런지 '박 작가'라고 부르면서 반가워했다고 합니다. 여러분도 누군가에게 안부 전화를 한 적이 있다면 이야기해보세요.

05 사투리

"쌀이 왔시유, 저녁 때 도착허유. 몇 층이유?" 택배 기사의 전화를

받고 4층이라고 말하자 엘리베이터가 있냐고 또 물었다. 엘리베이터가 없다고 하니 택배 기사가 구시렁거리며 전화를 끊었다.

상동, 「내 등의 짐」, (p.48)

시골에 사는 저자의 형이 농사 지은 쌀을 보냈습니다. 충청도 사투리를 쓰는 택배 기사는 저자의 집에 엘리베이터가 없다는 걸 알고 구시렁거리며 전화를 끊었다고 합니다. 여러분이 알고 있는 사투리에 대한 에피소드가 있다면 이야기해보세요.

_____

_____

06 낭패

"여기가 어딘가?" "논산이유. '논산 강경젓갈'이 유명해유. 조금만 더 가면 '강경 제일교회'유." 나는 논산이라는 말에 정신이 바짝 들었다. 논산은 충청도 아닌가. "예식장이 강원도 강릉 제일교회잖아!"

상동, 「글자 하나 차이」, (p.108)

저자는 친구 딸의 결혼식에 가기 위해 친구 조카의 차를 탔다고 합니다. 그런데 친구 조카는 예식장이 있는 강릉이 아닌 충청도 강경으로 갔다고 합니다. 여러분도 저자처럼 낭패를 본 적이 있다면 더듬어서 이야기해보세요.

_____

_____

◐ 이야기 정리하기

추억은 사람마다 다릅니다. 처음으로 간 여행지일 수도 있고 낭패를 봤던 사건일 수도 있습니다. 여러분의 기억 속에 남아 있는 걸 끄집어내 이야기해보세요.

06 세월이 흘러도 변하지 않는 것들

◎ **주제 이해하기**

세상은 변하지만 '세월이 흘러도 변하지 않는 것'도 있습니다. 여기서는 5개의 사례를 제시했습니다. 이와 관련하여 여러분이 경험했거나 느낀 점이 있다면 이야기해보세요.

◎ **이야기 나눔**

01 '내로남불'

말로는 개혁이고, 사정이고, 부정부패 척결이고, 공정 사회 건설이고, 치안 확립이다. 그러나 그 대상이 되는 건 모두 남이고 자신은 전혀 그 대상이 되지 않는 것이다. 사회가 이렇게 된 건 모두 남의 탓이지 내 탓은 아니라는 것이다. (…) 비리 공무원이나 위정자가 바다에서 갑자기 솟아오른 것이 아니다.

『풀잎 떨어지는 소리 눈물 떨어지는 소리』, (p.158)

저자는 "개혁이나 사정, 부정부패 척결을 부르짖는 사람들은 그

대상이 모두 남이지 자신은 전혀 아니라고 생각한다"라고 합니다. 자신은 정의의 사도이며, 심판의 대상은 다른 사람들뿐이라는 거지요. 이렇게 '내로남불'을 주장하는 부류가 득세하는 걸 막기 위해 우리가 할 수 있는 일은 무엇일까요?

02 물 흐르듯

아이들을 키우느라 힘이 많이 드신 스님께서도 많은 보람을 느끼리라 생각했다. 하지만 스님의 반응은 뜻밖이었다. "내가 바라는 게 뭐 있어야지요. 바라는 게 없으니 보람도 없어요. 무슨 일을 하면서 이 일을 어떻게 하고 그 결과는 어떨 것이라는 생각보다는 그저 자연스럽게, 물이 흐르는 것처럼, 살아가는 과정이라 생각했죠." 상동, (p.93)

스님은 "아이들을 키우는 것은 그저 물이 흐르듯 자연스럽게 살아가는 과정이다"라고 합니다. 결과적으로 "바라는 것도 없고 바라는 게 없으니 보람도 없다"라고 합니다. 선문답 같은 이 말의 의미를 곱씹어서 이야기해보세요.

03 '위정자'라면

작금의 위정자들은 저마다 좋은 일을 하고 있다고 선전을 대단히 한다. 내가 좋은 일을 하는데 왜 시비냐고 눈을 흘긴다. 눈을 흘기는 정도가 아니라 온갖 수단을 다 끌어들여 반대자들을 옭아맨다. 아예 반대자들을 탄압했던 전 시대의 독재자들보다 더하면 더 했지, 조금

도 덜하지 않았다. 상동, (p.162)

저자는 "예전이나 지금이나 위정자들은 저마다 좋은 일을 한다고 강변하면서 반대자들을 옭아맨다"라고 합니다. 반면, 반대편 입장의 사람들도 반대를 위한 반대를 주장하는 사례도 많이 있습니다. 여러분이 위정자라면 어떤 방식으로 일을 처리하겠습니까?

---

04 책임

콩을 심거나 팥을 심는 주체는 어디까지나 자기 자신이다. 씨를 뿌릴 때 옆에서 다른 사람이 씨앗이 들어 있는 콩 바구니나 팥 바구니를 들고 도와줄 수는 있다. 그러나 콩을 심고 팥을 심는, 즉 씨를 뿌리는 행위는 어디까지나 자기 자신만이 할 수 있다. 그 씨앗이 잘 발아해서 무성하게 성장하느냐, 못 하느냐도 자기의 노력 여하에 달려 있다. 상동, (p.210)

저자는 "콩이나 팥을 키울 때 다른 사람의 도움을 받을 수 있으나 심고 키우는 주체는 결국 자기 자신"이라고 합니다. 씨를 뿌리는 행위나 씨앗이 발아해서 열매를 거두는 결과 모두 자기의 책임이라는 거지요. 여러분은 저자의 주장에 동의하나요?

[선택1] 동의한다. 모든 결과는 자신의 정성에 좌우된다.

[선택2] 동의하지 않는다. 자신이 통제할 수 없는 환경의 영향이 크다.

---

05 화두

후기 산업 사회에서의 화두는 거창하거나 형식적이거나 고상한 게 아니다. 지금 단계에서의 화두는 생활 그 자체다. 화두는 생활 속에서 우리가 숨 쉬는 모든 것이다. (…) 밥을 먹을 땐 밥과 내가, 책을 읽을 땐 책과 내가 일체가 되어 나 자신이 삼매의 경지에 들어야 한다. 그렇게 몰두하되 자신을 객관화하고 나아가 투명한 의식으로 자신을 들여다볼 수 있는, 분별심 없는 자유로움을 맛볼 수 있어야 한다.

상동, (p.255~256)

저자는 "복잡한 세상을 살아가는 우리 모두 하나의 화두를 가져야 한다"라고 합니다. 그건 거창하거나 형식적이거나 고상할 필요는 없으며 생활 그 자체면 충분하다고 합니다. 생활 속에서의 화두는 무엇인지 여러분의 의견을 이야기해보세요.

_____

_____

◐ 이야기 정리하기

저자는 '세월이 흘러도 변하지 않을' 에피소드 제목으로 '화두', '책임', '내로남불' 등을 꼽았습니다. 세월이 흘러도 변하지 않을 것들이 많이 있을까요?

07 새로운 도전과 깨달음

○ **주제 이해하기**

사람은 도전하면서 새롭게 깨닫기도 합니다. 여기서 소개한 사례와 관련하여 여러분도 상상의 나래를 펼쳐 이야기해보세요.

○ **이야기 나눔**

01 깨달음

그다음은 모른다. 정신을 차리고 보니 법당 차디찬 마룻바닥에서 부처님을 향해 엎드려 있었다. (…) 다시 일어나 기운이 다 빠질 때까지 절을 했다. 그동안 떠돌았던 수년의 세월 동안 짊어지고 있던 육체와 정신의 고통을 다 쏟아내 버렸다. 그날 이후 나의 새로운 길을 걷게 되었다. 아, 세월아! 나는 너를 미워하지 않으련다.

『풀잎 떨어지는 소리 눈물 떨어지는 소리』, (p.64~65)

저자는 "부처님 발아래에서 기운이 다 빠질 때까지 절을 하며 육체와 정신의 고통을 다 쏟아내 버렸다"라고 합니다. 이후 새로운 길을 걷게 되었으며, 세월을 탓하는 일도 없어졌다고 합니다. 여러분도 무언가에 대해 스스로 깨달았던 경험이 있다면 말해보세요.

02 마음이 부처

인사를 올리고 물러 나오려는데 스님께서 전법문집인 『심즉시불(心卽是佛)-마음이 부처라네-』라는 책을 한 권 내미셨다. (…) 그렇지. 마음이 곧 부처지. 늘, 별 의심 없이 받아들이던 그 말이 새삼스럽게 가슴에 새겨지는 순간 스님께 드린 모든 질문이 공허해지고 말았다. 서방 극락정토를 어디 가서 따로 찾는가. 상동, (p.71~72)

저자는 "스님으로부터 『心卽是佛』이란 책을 받는 순간 '마음이 부처지' 라는 말이 새삼 가슴에 새겨졌다"라고 합니다. 모든 인간사는 그 자신이 어떻게 마음먹느냐에 달려있다는 걸 깨달았다는 뜻이겠지요. '마음이 부처' 라는 말에 대해 여러분의 의견을 말해보세요.

03 첫 마음

이제쯤 사람의 첫 마음을 떠올린다. 사람의 첫 마음은 무엇인가? 바로 동심 아닌가? 동심은 바른 말을 할 줄 알고 바른 말을 들을 줄 아는 마음이다. 이 어수선한 세상 '첫 마음으로 사는 어른' 운동이 세계적으로 일었으면 한다. 첫 마음은 인간성이 훼손되지 않은 마음이기 때문이다. 상동, (p.171)

저자는 "사람의 첫 마음은 바른 말을 할 줄 알고 들을 줄 아는 마음, 즉 동심"이라고 합니다. 어수선한 세상 '첫 마음으로 사는 어른' 운동이 세계적으로 일었으면 좋겠다고 했지요. 여러분은 바른 말을 할 줄 알고 들을 줄 아는 동심을 어느 정도 갖고 있나요?

---

04 왜?

"춘천역 근처 관광안내소에 들렀을 때 말일세. 안내표지판 봤는가?" 안내표지판에 'Information' 이라고 영어로 큼지막하게 쓰여 있었다. 내가 무심코 바라본 영어가 친구 마음에는 가시로 남았던 모양이다. "Information은 게시판 윗줄에 큰 글씨로 쓰고, '관광안내소' 라는 한글은 왜 작은 글씨로 게시판 아래에 썼을까?"

『아내와 피아노』, 「관광도 영어로?」, (p.124~125)

저자의 친구는 우리나라 관광안내소에 적힌 글자가 한글보다 영어를 크게 쓴 걸 봤다고 합니다. 춘천역 근처의 관광안내소에 'Infomation'이라는 영문 글씨는 크게 쓰여있는 반면, 관광안내소는 한글로 작게 쓰였다는 거지요. 여러분은 그 이유가 무엇이라고 생각하나요?

---

05 놀이터

5월로 접어들자 옥상 텃밭은 가지, 토마토, 오이, 호박, 고추가 자라고 새순이 번졌다. 토마토는 맨 위의 순만 놔두고, 고추나 가지는 위에서 아래로 3개의 순을 남기고 나머지 순을 자른 뒤 식물이 쓰러

지지 않도록 지주를 세웠다. 상동, 「리파똥」, (p.194)

저자의 옥상 텃밭은 5월에 접어들자 각종 식물이 기지개를 켰다고 합니다. 저자는 나름대로 식물의 특성에 맞게 정리했다고 했지요. 여러분도 저자가 옥상 텃밭에 정성을 들이는 것처럼 몰두할 수 있는 놀이터가 있나요?

_____
_____

06 변화

요즈음 아이들처럼 컴퓨터·휴대폰을 쉽게 다루지 못하면 뒷방 노인 신세라. 드론이 공중을 날고, AI가 손님을 접대하고, 자율주행 자동차가 나오고, 사람이 달나라에 다녀오고, 그런 까닭에 계수나무 아래서, 토끼가 방아를 찧었다는, 어릴 적 동심의 세계가 한순간에 무너졌다. 상동, 「'어이'와 '자네'」, (p.210)

저자는 요즘은 하루가 다르게 변해 아이들처럼 새로운 기기를 제대로 다루지 못하면 바로 뒷방 노인 신세가 된다고 합니다. 요즘 같은 빠른 변화로 인해 어릴적 동심의 세계는 한순간에 무너졌다고 했지요. 여러분은 새로운 기계나 기술에 쉽게 적응하는 편인가요?

_____
_____

◐ 이야기 정리하기

새로운 도전과 깨달음에 관한 이야깃거리는 6개가 제시되었습니다. 여러분이 가장 펼쳐보고 싶은 건 뭔가요?

08 자연과 함께 사는 삶

○ **주제 이해하기**

자연은 사람의 삶에 있어서 없어서는 안 될 동반자입니다. 여기에는 자연과 관련된 5개의 에피소드가 소개되었습니다. 여러분이 겪었던 경험이나 생각을 이야기해보세요.

○ **이야기 나눔**

01 겨울바람과 봄바람

바람이 분다. 아침부터 저녁까지 바람이 분다. 요 며칠 동안 분 바람은 꽃샘추위 바람이었다. 그러더니 이제는 훈훈한 봄바람이 분다. 그 봄바람에 앞집 담장 너머의 백목련이 살포시 꽃망울을 터뜨리려고 준비하고 있다. (…) 봄바람에 터지는 꽃망울, 그 꽃망울은 겨울엔 터지지 않는다. 봄바람이라야만 꽃망울을 터뜨려 속살을 드러내게 할 수 있다. 그래서 봄바람은 겨울바람보다 강하다.

『꽃잎 떨어지는 소리 눈물 떨어지는 소리』, (p.190)

저자는 "백목련은 겨울바람이 아니라 봄바람에만 꽃망울을 터뜨려 속살을 드러낸다"라고 합니다. 그래서 겨울바람보다 봄바람이 더 강하다고 합니다. 여러분은 겨울바람과 봄바람 중 어느 게 더 강하다고 생각하나요? 그 이유를 이야기해보세요.

_____

_____

02 삶의 의미

동화『오세암』이든 영화〈오세암〉이든 결국은 주인공 남매를 통해서 존재의 궁극적인 모습을 보여준다. 과연, 산다는 건 무엇인가? 산다는 건 만남인가? 떠남인가? (…) 어리디어린 나이의 남매, 그들에게 있어 '돌아감'과 '열린 마음'은 또 무엇인가? (…) 편견 없이 '열린 마음'은 순수한 동심이 곧 불심임을 보여주었다. 상동, (p.95~96)

저자는 "동화『오세암』이든 영화〈오세암〉이든 모두 주인공 남매를 통해서 인간 존재의 궁극적인 모습을 보여준다"라고 합니다. '돌아감'을 통해 절대 사랑의 회복을, '열린 마음'을 통해 순수한 동심이 곧 불심을 보여줬다고 합니다. 과연 '산다는 게 무슨 의미인지?'에 대해 여러분의 생각을 말해보세요.

_____

_____

03 이미지

지금까지 사마귀는 다른 곤충을 잡아먹는 악당으로 여겼고 보기에도 혐오스럽게 생겨 싫어했다. 주는 것 없이 미운 사람이 있다. 곤충

으로 치면 사마귀가 바로 그런 존재가 아니었을까? 그런데 며칠 사이로 두 마리의 사마귀를 보았다. 한 마리는 이미 까치가 꿀꺽 삼켜 불귀의 객이 되었다. 그런 중에 다른 한 마리가 눈앞에서 살아 움직이는 걸 보니 연민의 정이 생겼다.

『삶의 온도는 따뜻한가요?』,「사마귀」, (p.27)

저자는 "사마귀가 다른 곤충을 잡아먹는 악당으로 여겼고, 보기에도 혐오스럽게 생겨 싫어했다"라고 합니다. 그러다 까치에 잡아먹힌 '사마귀'를 보았고, 이어서 다른 한 마리가 눈앞에서 살아 움직이는 걸 보며 연민의 정이 생겼다고 합니다. 여러분도 특별한 계기로 인해 어떤 사람이나 동물에 대한 이미지나 생각이 바뀌었던 적이 있으면 이야기해보세요.

_____

_____

04 지렁이

잠시 후 나무로 된 계단 아래의 마른 흙 속에서 이리저리 몸을 비틀며 고통스러워하는 지렁이가 보였다. 지렁이란 원래 땅속 습한 곳에 사는데 이놈은 어쩌다가 사람들이 다니는 길 위로까지 왔는가? 살려고 바둥거리면 그럴수록 인절미가 콩고물을 뒤집어쓴 것처럼 흙먼지가 더욱 그놈의 몸을 뒤덮었다.

상동, 「우리의 만남은 우연이 아니었네」, (p.39)

저자는 산등성이를 걷다가 흙먼지 속에서 살려고 바둥거리는 지렁이를 보았습니다. 보통 때 같으면 무심코 지나쳤을 텐데 그놈에게는 그렇게 하지 않고 구원의 손길을 내밀었다고 합니다. 여러분도 특별한 이유 없이 자석처럼 끌렸던 사람이나 동물에 대한 인연이 있다면 이야기해보세요.

___

___

05 호박꽃

시간이 흘러 호박꽃이 피었다. (…) 호박꽃이 피면 벌들이 꿀을 따려고 모여든다. 꽃은 사람들의 시선을 끌기 마련인데, 어떤 사람은 '호박꽃도 꽃이냐?'며 콧방귀를 뀌고 지나치지만, 나는 호박꽃에 다가가 입맞춤하거나 꽃 속을 유심히 들여다본다.

『아내와 피아노』, 「호박꽃도 꽃이다」, (p.95)

사람들은 '호박꽃도 꽃이냐?'며 콧방귀를 뀌지만 저자는 애지중지한다고 합니다. 호박꽃에 다가가 유심히 들여다보는데 운이 좋으면 그 속에서 꿀을 따고 있는 벌들을 만난다고 합니다. 여러분은 '호박꽃' 하면 가장 연상되는 이미지가 무엇인가요?

___

___

◐ 이야기 정리하기

'자연과 함께 사는 삶'에는 5개의 에피소드가 소개되었습니다. 여러분의 가슴을 설레게 하는 이야기가 있나요?

09 나이 듦을 준비하는 마음

○ **주제 이해하기**

사람은 누구나 '나이 듦'을 피할 수 없습니다. 쉽지는 않은 일이지만 어떻게 대처하는 게 좋은지 여러분의 의견을 나누어 보세요.

○ **이야기 나눔**

01 나이 든 사람의 어려움

대화를 끝내는 것이 못내 아쉬운듯했다. 할머니와 헤어져 집으로 오는 내내 가슴이 답답했다. 이러한 문제는 그 할머니 한 분만의 이야기가 아니다. 나이 든 많은 사람이 겪거나 앞으로 겪어야 할 상황이라는 생각이 들었기 때문이다.

『삶의 온도는 따뜻한가요?』, 「할머니의 리어카」, (p.109)

저자는 우연히 길거리에서 만난 할머니와의 대화를 억지로 끊고 집에 오는 동안 답답했다고 합니다. 왜냐하면 그 할머니를 통해 나이가 든 사람들은 대부분 외로움을 느끼며 누군가에게 이야기하고 싶어 한다는 걸 알았기 때문이지요. 이처럼 나이가 든 사람들이 부딪혀야 할 어려움에는 어떤 것이 있을지 여러분의 의견을 말해보세요.

---

02 서운한 감정

드디어 월요일 아침에 종합병원으로 향했다. 전날까지는 함께 갈 것이라고 했던 아내는 동반하지 않고 나 혼자 출발했다. 병원에 도착해 접수하니 간호사가 "보호자와 같이 왔느냐?"라고 묻는다. "아니다. 혼자 왔다"라고 대답하면서 속으로 왠지 서운한 느낌이 들었다. 상동, 「보호자는요」, (p.141)

저자는 건강검진 정밀 검사를 위해 종합병원에 가서 접수하는데, 간호사가 "보호자는 어디 있느냐?"고 물었을 때 "혼자 왔다"라고 대답하면서 왠지 서운한 감정이 들었다고 합니다. 예전에는 혼자 가는 게 당연했는데 이제는 나이가 들어서 그렇겠지요. 여러분이 서운한 감정이 들 때는 주로 언제인지 이야기해보세요.

---

03 노후

황 노인과 동호회에서 만난 지가 엊그제 같은데 연세가 80 중반이 되었다. 모임 때면 황 노인은 '박사 아들 두었다'라고 자랑이 늘어졌다. 하지만 언제부턴가 술 한 잔 들어가면 "품 안의 자식이지. 결혼하면 남이나 마찬가지여!"라고 푸념했다. 『아내와 피아노』, 「집 구경 왜!」,

(p.29~30)

80대 중반의 황 노인은 한때 모임에서 만나면 '박사 아들 두었다' 라고 자랑이 늘어졌다고 합니다. 그러나 언제부터인가 "품 안의 자식이지, 결혼하면 남이여!"라고 푸념한다고 합니다. 여러분의 노후를 어떻게 지내야 하는지 이야기해보세요.

_____

_____

04 맨손 체조

이튿날 공원에 갔는데 노인이 자주색 내 티셔츠를 입고 맨손 체조를 하고 있었다. (…) 잠시 후 기지개를 켜던 중년 남자가 노인 곁으로 다가가서 맨손 체조를 따라 했다. 나는 맨손 체조를 하는 두 분의 모습에서 희망을 보았다. 체조하는 모습은 마치 사람이 그 자리를 벗어나려고 몸부림치는 것으로 보였으므로. 상동, 「보건체조 시작!」, (p.175)

저자는 공원에 가서 두 사람이 자기가 가져다 놓은 옷을 입고 맨손 체조하는 모습을 보았다고 합니다. 왜냐하면 두 사람이 맨손 체조하는 모습에서 다시 일어서려는 희망을 보았기 때문이라고 했지요. 나이 든 사람이 왜 맨손 체조를 해야 하는지 이야기해보세요.

_____

_____

05 견디기 힘든 계절

나는 겨울에 헐벗은 나무를 바라보면 마음이 시리다. 새싹이 돋아나기까지 기다림이 지루해서 낙엽이 지면, 겨울을 건너뛰고 봄을 생각하는 버릇이 생겼다. 친구가 낙엽을 바라보고 감상에 젖어있는데,

나는 늦가을에 서서 봄을 여행하는 건 사치스러운 일일까?

상동, 「낙엽이 떨어질 때」, (p.201)

저자는 겨울에 헐벗은 나무를 바라보면 마음이 시리기에 겨울을 건너뛰고 새싹이 돋아나는 봄을 생각한다고 합니다. 사람들은 대부분 여러 가지 이유로 봄이나 가을보다 여름이나 겨울을 힘들어합니다. 여러분이 견디기에 가장 괴로운 계절과 그 이유를 말해보세요.

---

06 마음먹기

생각해 보면 먹구름은 잠시 쉬어가는 손님, 내 안의 어두운 그림자는 뜬구름! 상동, 「먹구름, 뜬구름」, (p.210)

먹구름이 비로 변하고 한바탕 쏟아지고 나면 마음이 환해졌다고 합니다. 잘 생각해 보면 '먹구름은 잠시 쉬어가는 손님 내 마음속의 어두운 그림자는 뜬구름'이라고 했습니다. 이 문장이 의미하는 바는 무엇인지 여러분의 의견을 말해보세요.

◎ 이야기 정리하기

세계에서 가장 빠르게 초고령사회에 진입한 우리나라에서 사람들은 '나이 듦'의 문제에 많은 관심을 보입니다. 여러분은 어떤가요?

제3부

이야기 나눔을 위한
책 질문지 (인생철학)

들어가기

1. 생각하는 삶을 살고 있는가?

2. 나는 누구인가?

3. 행복이란 무엇인가?

4. 고난과 역경을 대하는 자세

5. 자존감과 자기 가치

6. 만남과 타인과의 관계

7. 불확실한 세상을 살아가는 법

8. 선택과 결정 그리고 책임

9. 사회 문제에도 관심을

들어가기

　중장년들이 자기의 경험을 바탕으로 생각과 느낌을 말하는 도구로 인생철학류 책도 괜찮습니다. 왜냐하면 철학이란 멀리 있는 게 아니라 바로 중장년이 지금까지 살아온 인생에서 나침반 역할을 한 것들이기 때문이지요.

　여기서는 세 권의 책 질문지를 제시하겠습니다. 하나는 『아주 세속적인 지혜』 또 다른 하나는 『나도 틀릴 수 있습니다』입니다. 마지막으로 생활철학을 강조하는 『생활의 발견』입니다.

　스페인 철학자 발타자르 그라시안이 쓴 『아주 세속적인 지혜』란 책은 뒤표지에 '400년 전의 지혜가 오늘의 문제를 해결한다' 라는 글이 있습니다. 400년 전에 비해 오늘날 환경이 크게 달라졌습니다. 하지만 지금도 사람들이 귀에 담아둘 만한 조언도 많이 들어있으며 이야기 소재도 풍부하다는 생각이 듭니다.

　『내가 틀릴 수도 있습니다』는 작은도서관인 〈우리 문화·역사도서관〉과 〈북촌포럼〉에서 진행한 책입니다. 책 제목이기도 한 〈내가 틀릴 수 있어〉와 〈지금 여기〉란 질문지에서 참가자들이 많은 관심을 보였습니다.

　『생활의 발견』은 중국 복건성(福建省)의 독실한 기독교 집안에서 태어났으나 종교보다는 현재의 삶을 더 중시하는 「임어당(林語堂)」이 쓴 책입니다. 그는 북경대(北京大), 청화대(靑華大) 등에서 교수를 했으나 만년에는 대만(臺灣)에서 활동했습니다. 『생활의 발견』은 수필집이긴 하지만 생활철학을 다루어 〈이야기 나눔〉을 위한 책으로는 적격이라는 생각이 들었습니다.

　세부 목차는 이야기 주제별로 아홉 개로 나누었으며, 각각 7개의 꼭지로 구성하였습니다. 마지막으로 이야기 나눌 세 권의 책과 저자에 대한 간단한 정보와 핵심 메시지를 소개합니다.

◎ 『아주 세속적인 지혜』

책자 및 저자 소개	『아주 세속적인 지혜』, 발타자르 그라시안, Page2 (2024.2.) 스페인을 대표하는 철학자이자 17세기가 낳은 최고의 작가로 이후 쇼펜하우어, 니체 등 당대 위대한 철학가들에 의해 '지혜의 대가'로 불림
핵심 메시지	인생을 바꿀 시대와 공간을 초월한 불변의 조언 400년 전의 지혜가 오늘의 문제를 해결한다.

◎ 『내가 틀릴 수도 있습니다』

책자 및 저자 소개	『내가 틀릴 수도 있습니다』, 비욘 나티코 린데블라드, 다산초당(2022.4.) 1961년 스웨덴에서 출생, 태국밀림의 숲속 사원에 귀의해 '나티코' 즉 지혜가 자라는 자라는 법명을 받고 17년간 수행.
핵심 메시지	우리가 극히 무지하다는 걸 이해할 때 지혜가 싹틈 머리에 떠오른 생각을 다 믿지는 마라 인생에서 어려움에 부닥칠 때 자기 생각을 모두 믿어버린다면 바닥이 없는 심연에 빠져든다.

◎ 『생활의 발견』

책자 및 저자 소개	『생활의 발견』, 임어당 지음, 문예출판사(2023.4.) 3판 재쇄(초판 1968.4.) 중국어 저서로 『我的語』『大荒集』 등이 있으며, 『내 나라 내 민족』, 『생활의 발견』, 『폭풍 속의 나뭇잎』 등은 영문으로 출간한 작품임
핵심 메시지	인생은 너무나 진지하고 엄숙하기에 역설적으로 우리에게 유모가 필요하다. 왜 사는지 이유를 모를 때, 외로울 때, 누군가가 미울 때, 경쟁의식에 시달릴 때, 질투를 느낄 때, 가족이나 연인의 죽음을 겪을 때 역발상을 유모가 필요하지 않을까?

Chapter_3
인생철학

03 이야기 나눔을 위한책 질문지

참가자들이 돌아가면서 각각의 소제목(1-9)에 있는 '붉은색으로 된 구절'을 읽음

이야기 힐링 지도사가 그 아래에 있는 질문지를 읽음

이후 이야기 힐링 지도사, 참가자가 함께 소제목의 이야깃거리를 중심으로 각자의 경험과 생각, 느낌을 이야기하고 들으며 힐링

이야기 힐링 지도사는 주도자이기보다는 조정자(Faciltator) 역할

이야기 힐링 지도사는 다른 참가자와 똑같은 자격으로 이야기하고 듣기

01 생각하는 삶을 살고 있는가?

◐ 주제 이해하기

미국의 빈센트 필 박사는 생각을 바꾸면 운명도 변한다라고 말했습니다. 생각은 삶에서 결정적인 역할을 하는 행동이라는 의미이지요. 여러분은 생각하는 삶을 살고 있나요?

◐ 이야기 나눔

01 생각하는 기술

오늘날 많은 이들은 철학을 등한시하지만 지혜로운 사람은 철학을 가장 중요시한다. 생각의 기술인 철학은 예전의 명성을 잃었다. (…) 그래도 여전히 속임수를 파악하는 생각의 기술은 지혜로운 자의 진정한 양식이자 고결한 영혼의 진실된 기쁨이다. 『아주 세속적인 지혜』, (p.121)

저자는 오늘날 생각의 기술인 철학이 예전의 명성을 많이 잃었다고 합니다. 지혜로운 사람들은 아직도 철학을 가장 중요시하지만 보통 사람들은 철학을 등한시한다고 합니다. 여러분이 생각하는 철학은 무슨 의미인지 이야기해보세요.

___

02 인성과 지성

인성과 지성은 우리의 능력을 이루는 양대 산맥이다. 둘 중 하나라도 부족하면 반쪽짜리 행복일 뿐이다. 인성이 중요한 이유는 지성만으로 충분하지 않기 때문이다. 인성과 지성이 받쳐주지 않으면 자신의 지위는 물론 일과 이웃, 친구를 얻는 데 실패한다. 상동, (p.22)

저자는 '인성과 지성은 우리의 능력을 이루는 양대산맥으로 둘 중 하나라도 없으면 행복은 반쪽짜리에 불과할 뿐'이라고 합니다. 두 가지가 모두 있어야 자신의 지위나 주위의 평판을 얻을 수 있다는 거지요. 여러분은 하나를 고른다면 인성과 지성 중 어느 게 더 중요하다고 생각하는지 이야기해보세요.

___

03 생각이 샘솟는 사람인가?

겉만 번지르르한 사람과의 대화를 지루해할 필요는 없다. 하지만 이런 사람이 이끄는 대화는 첫 몇 마디만 끝나면 자연스레 지지부진해진다. 이런 사람은 시칠리아식의 화려한 말투를 뽐내며 대화를 시작하지만 머지 않아 대화는 침묵으로 접어든다. 생각이 샘솟지 않아 이내 할 말이 없어지기 때문이다. 상동, (p.69)

저자는 겉만 번지르르한 사람은 처음에는 청산유수로 말을 하지만 조금만 지나면 대화는 침묵으로 접어든다고 합니다. 생각이 샘솟지 않아 이내 할 말이 없어지기 때문이라고 합니다. 여러분은 어떤 편인 가요?

―――――――――――――――――――――――

―――――――――――――――――――――――

04 생각하는 것과 생각의 차이

정신없이 휘몰아치는 생각의 소용돌이에서 잠시 벗어났지요. 그것만으로 놀라운 해방감을 느꼈습니다. 생각이 온전히 사라지진 않았으나 더는 그 속에 매몰되진 않게 된 것입니다. 마치 한 발씩 물러나 제 마음을 지켜볼 수 있게 된 것 같았지요. 그러자 내가 생각을 하는 것이지, 내가 곧 생각과 같은 건 아니라는 걸 깨달았습니다. 『내가 틀릴 수도 있습니다』, (p.31)

저자는 "정신없이 휘몰아치는 생각의 소용돌이에서 잠시 벗어나니 놀라운 해방감을 느꼈다"라고 합니다. 거기에 더해 '내가 생각을 하는 거지, 내가 곧 생각과 같은 건 아니라는 사실을 깨달았다' 라고 합니다. '내가 생각을 하는 것이지, 내가 곧 생각과 같은 건 아니다' 라는 의미가 무엇인지 여러분의 의견을 말해보세요.

―――――――――――――――――――――――

―――――――――――――――――――――――

05 중국 철학자의 생각

사람은 어떻게 살아가야 할 것인가에 대한 중국 철학자들이 생각한 걸 이야기해볼까 한다. 이들 철학자의 생각은 저마다 다르지만 그만큼 일치되는 점도 있다. 즉 인간은 현명하지 않으면 안 되며, 행복한 생활을 즐기는 걸 두려워해서는 안 된다는 거다. 『생활의 발견』, (p.30~31)

저자는 "사람이 어떻게 살아가야 하는가에 대한 중국 철학자들의 생각은 저마다 다르지만 일치하는 점도 있다"라고 합니다. 그 공통점은 바로 '인간은 현명하지 않으면 안 되며, 행복한 생활을 즐기는 걸 두려워해서는 안 된다는 거지요.' 여러분이 알고 있는 〈중국 철학자〉에 대해 이야기해보세요.

_____

_____

06 정, 지혜, 용기

이 세상의 인심은 가혹한 것이기에 온정만 가지고는 부족하다. 그래서 정은 슬기와 용기와 하나로 맺어지지 않으면 안 된다. 내 생각에 의하면 슬기와 용기는 같은 것이다. 왜냐하면 용기란 인생을 더 잘 이해하는 데서 자연히 생겨나는 것이기 때문이다. 상동, (p.38)

저자는 "세상을 살아가는 데 온정만 가지고는 부족하다"라고 합니다. 정은 슬기와 용기와 하나로 맺어져야 하며 용기는 인생을 잘 이해하면 자연히 생겨난다고 합니다. 여러분은 정, 지혜(슬기)와 용기 중 어느 게 가장 중요하다고 생각합니까?

_____

_____

❍ 이야기 정리하기

생각은 모든 행동의 출발점입니다. 여러분은 행동하기 전에 반드시 생각하는 편인가요?

02 나는 누구인가?

◯ 주제 이해하기

'나'는 세상의 누구보다도 중요한 존재입니다. '나'가 없다면 아무리 가까운 사람이라도 무슨 의미가 있을까요? 여러분은 '나'를 어떻게 대우하나요?

◯ 이야기 나눔

01 항상 '나'를 존중

자신 안에 있는 올바른 마음을 정직의 척도로 삼아라. 외부의 법이나 규칙보다는 자신에 대한 엄격함이 기준이 되게 하라. 외부의 권위를 두려워하는 마음에서가 아니라 자신을 존중하는 마음에서 부적절한 모든 것을 삼가라. 『아주 세속적인 지혜』, (p.71)

저자는 외부의 법이나 규칙보다는 자신에 대한 엄격함을 모든 행동의 기준으로 삼으라고 강조합니다. 이걸 항상 명심하면 '위대한 철학자의 가르침도 필요 없다' 라고 합니다. 여러분이 자신만의 기준을 갖고 지키려는 마음 자세나 행동 지침이 있다면 이야기해보세요.

02 의도

카드 패가 노출되면 판돈을 잃을 위험이 커진다. 신중한 사람은 정보를 캐내려 하는 사람과 싸운다. 자신의 무기를 숨긴 채 공격하는 오징어의 현명함을 배워라. 당신의 취향을 너무 드러내 보이지 마라. 상대방이 당신의 취향을 역이용하거나 아첨하여 현혹하지 않도록 말이다. 상동, (p.121)

저자는 취향을 너무 드러내 보이지 말라고 합니다. 카드 패가 노출되면 판돈을 잃을 위험이 커지듯이 상대방에게 먹잇감을 주는 우를 범하는 일인지도 모르기 때문이라고 합니다. 여러분은 상대방에게 자기 패를 숨기는 데 익숙한 편인가요?

03 위엄

비록 왕이 아닐지라도 자기의 행동에 왕의 품격이 스며들게 하라. 모든 일에 왕과 같은 위엄을 지니고 숭고한 행동과 고귀한 생각을 하라. 위엄 있는 행동을 한다고 해서 물리적인 권한이 생기는 건 아니지만 그만한 가치가 있다. 상동, (p.126)

저자는 비록 왕이 아닐지라도 행동에 왕의 품격이 스며들게 하라고 합니다. 위엄있는 척 가장하지 말고 진짜 위엄을 갖춘다면 물리적인 권한이 생기는 건 아니지만 충분히 가치 있는 일이라고 합니다. 여러분은 위엄있게 행동하려고 애쓰나요?

---

04 약한 모습은 감춰라

지혜로운 사람은 자신이 버림받기 전에 먼저 다른 사람을 버린다. 사람은 끝에 가서 승리를 쟁취할 수 있어야 한다. (…) 다른 사람이 먼저 등을 돌리게 하지 말라. 또 머뭇거리다 다른 사람에게 영광을 뺏기는 산송장이 되지 마라. 지혜로운 사람은 실패가 예상되면 조롱받기 전에 미리 경주마를 경기장에서 빼놓는다. 상동, (p.133)

저자는 지혜로운 사람은 실패가 예상되면 다른 사람에게 영광을 뺏앗기기 전에 자기가 먼저 대처한다고 합니다. 조롱받기 전에 미리 경주마를 빼놓는다는 거지요. 약한 모습은 보여주지 말라는 의미인데, 여러분도 그렇게 하시나요?

---

05 관심 집중

현재에 집중하는 정도는 물론 다른 사람과의 관계에도 영향을 미칩니다. (…) 알 것입니다. 항상 뭔가를 잊어버린 듯이 찜찜하고 신경에 거슬리지요. 어린아이를 만나면 우리 마음이 어떤 상태인지가 금방 드러납니다. 아이들은 우리가 그 순간에 온전히 존재하는지 아닌지에 대단히 민감합니다. 『내가 틀릴 수도 있습니다』, (p.16)

저자는 "현재에 집중하는 정도는 다른 사람과의 관계에도 커다란 영향을 미친다"라고 합니다. 우리가 현재에 온전히 집중해서 온갖 사소한 생각에 마음을 뺏기지 않는다면, 상대방은 우리를 믿고 따르며 우리에게 관심을 기울인다고 합니다. 여러분은 누군가와 대화할 때 그 사람에게 온전히 관심을 집중하는 편인가요?

06 내가 틀릴 수 있어

우리는 어떤 상황이 옳은지 그른지, 좋은지 나쁜지를 판단하고 결정할 수 있다고 믿지요. 우리는 걸핏하면 삶이 우리가 원하는 방식대로, 우리가 계획한 방식대로 마땅히 흘러가야 한다고 생각합니다. 하지만 실상은 좀처럼 그렇게 되지 않습니다. (…) 우리가 극히 무지하다는 것을 이해할 때, 지혜가 싹틉니다. 상동, (p.134)

저자는 "우리의 삶은 막연한 관념과 의지대로 이루어지지 않는다는 걸 깨달을 때 지혜가 싹튼다"라고 합니다. 그래서 '내가 틀릴 수 있어. 내가 다 알지는 못해' 라는 생각에 익숙해져야 행복해진다고 합니다. '내가 틀릴 수 있어' 가 무슨 의미일지 여러분의 의견을 말해보세요.

◐ 이야기 정리하기

'나는 누구인가?' 는 인간 존재의 본질과 자아를 탐구하는 철학적 질문이지요, 이는 개인의 정체성, 삶의 목적과 타인과의 관계 속에서의 자아를 성찰하게 만드는 명제입니다. 여러분은 '누구' 입니까?

03 행복이란 무엇인가?

○ **주제 이해하기**

'행복'이란 사람마다 평가가 다른 주관적인 가치입니다. 인간에게 인생의 궁극적 목표라고 할 수 있습니다. 여기에 소개된 이야기를 바탕으로 여러분의 의견을 말해보세요.

○ **이야기 나눔**

01 인간주의

자연주의보다는 좀더 훌륭한 철학이 중국에 있다. 휴머니즘, 즉 인간주의(人間主義) 철학이 바로 그것이다. 중국 사상이 이르고자 하는 최고 이상은, 자기가 타고난 행복한 천성을 간직하기 위해서 인간 사회와 인간 생활에서 도피할 필요가 없는 그런 인간이 되는 것이다. 대은(大隱)은 시중(市中)에 숨는다. 왜냐하면 그에게는 자기 주위 환경을 두려워할 필요가 없을 만큼 충분히 유유자적한 생활을 즐길 수 있는 자신이 있기 때문이다. 『생활의 발견』, (p.54~55)

저자는 "중국에는 자연주의보다 좀더 훌륭한 철학이 있다"라고 합니다. 바로 인간주의 철학인데 평소대로 살면서도 행복한 천성을 간직할 수 있다고 합니다. 휴머니즘, 즉 인간주의(人間主義)의 특성은 무엇일까요?

---

02 종교와 인생의 행복

신학의 영향을 받는 사람들은 구제라는 것에 너무 열중한 나머지 인생의 행복이라는 건 그다지 생각하지 않는다. 그러니까 미래에 대해서 그들이 가르쳐 줄 수 있는 건 모두 그저 막연히 천국이 있다는 것일 뿐이다. 인간은 천국에 가서 무엇을 하는 것인가, 천국에 가면 어떤 즐거움을 얻을 수 있는가 하는 질문에 성가가 들려오고 백의의 천사가 날고 있다는 매우 막연한 말을 할 뿐이다. 상동, (p.76)

저자는 "신을 믿는 사람은 '구제'에 너무 열중한 나머지 '인생의 행복'이라는 건 별로 신경 쓰지 않는다"라고 합니다. 하지만 그들이 배우는 건 그저 천국이 있고, 거기에는 백의의 천사가 날고 있다는 막연한 말뿐이라고 합니다. 여러분은 저자의 주장에 동의하나요?

---

03 자식의 행동

부모님은 여느 때처럼 2월에 저를 만나러 오셨지요. 우리는 짠타부리주의 국립공원을 여행했습니다. 그곳까지 간 김에 산을 타고 20분 정도 올라가서 제가 앞으로 1년간 머물 암자도 둘러봤습니다. 밀

림 한가운데 세워진 대나무 암자는 금방이라도 허물어질 것처럼 보였습니다. (…) 아버지는 기가 찬 표정이었지만 남달리 현명한 분이라 한마디도 하지 않았습니다. 『내가 틀릴 수도 있습니다』, (p.152~153)

저자는 "부모님과 함께 앞으로 1년간 머물 허술한 암자를 둘러보았다"라고 합니다. 아버지는 기가 찬 표정이었지만 한마디도 하지 않았다고 합니다. 여러분의 자식이 여러분이 보기에 가당치도 않은 일을 하겠다고 한다면 여러분은 어떻게 하시겠습니까?

---

04 자신의 의견과 다른 충고

아잔 수시토 스님은 부처님의 첫 설법을 분석하고 직접 삽화까지 그려 책을 출간했는데, 저는 그 안에 담긴 탁월한 해석과 지혜에 감명받았지요. (…) 그녀는 훌륭한 스승이나 멘토라면 갖춰야 할 타이밍 감각이 특출했습니다. 항상 적시적지에 가르침을 주셨지요. 스님의 가르침에는 늘 사랑이 듬뿍 담겨 있었지요. 그래서 설사 듣기 아픈 말이라 해도 마음 깊이 새길 수 있습니다. 상동, (p.165)

저자는 "아잔 수시토 스님은 타이밍 감각이 특출했으며 가르침에는 늘 사랑이 듬뿍 담겨 있다고 합니다. 그래서 설사 듣기 아픈 말이라 하더라도 마음 깊이 새길 수 있다고 했지요. 여러분은 누군가가 진심어리게 충고하지만 자신이 원하는 것과 다르다고 느낄 때 어떻게 대응하나요?

---

05 백 번의 성공과 한 번의 실패

악평은 박수갈채보다 더 멀리 전달된다. 성공이 아닌 실수로 세상에 알려지는 사람이 더 많다. 사람은 자신이 이룬 모든 업적을 더해도 하나의 흠을 덮어버릴 수 없다. 악의에 찬 사람들이 당신의 성공보다 실패에 더 주목하고 있다는 사실을 기억하라. 상동, (p.194)

저자는 사람들은 누군가의 성공보다는 실패에 주목한다고 합니다. 그래서 아무리 성공한 게 많아도 하나의 흠을 덮을 수는 없다고 합니다. 백 번의 성공과 한 번의 실패 기회가 주어졌을 때 여러분은 어느 쪽과 악수하겠습니까?

◯ 이야기 정리하기

행복이란 외부 조건뿐 아니라 내면의 감정과 가치에 따라 달라지는 주관적인 경험입니다. 여기에는 5개의 에피소드가 소개되었습니다. 여러분은 행복한 삶을 살고 있나요?

04 고난과 역경을 대하는 자세

◐ **주제 이해하기**

사람들은 어떤 문제를 자기 내부보다는 외부에서 돌파구를 찾으려고 합니다. 여러분은 어떤 해결 방법을 찾으려고 하는지 이야기해보세요.

◐ **이야기 나눔**

01 양인가? 질인가?

양보다는 질을 추구하라. 탁월함은 양이 아니라 질에 있다. 최고의 것이란 그 수가 적고 귀한 걸 말한다. 수가 많으면 그만큼 가치가 떨어지기 때문에 최고의 것이 될 수 없다. (…) 질로써 승부를 내야 탁월함을 얻을 수 있으며 숭고의 절정에 오를 수 있다. 『아주 세속적인 지혜』, (p.47)

저자는 탁월함은 양이 아니라 질에 있기에 양보다는 질을 추구하라고 합니다. 질로 승부를 내야 탁월함을 얻을 수 있다는 거지요. 양과 질의 관계에 대해 여러분의 의견을 말해보세요.

02 위대한 사람

위대한 사람의 말을 따를 수 있는 건 위대한 자질이다. 이런 감응은 신비롭고 이로운 기적 같은 일이다. 위대한 사람에게 감응하면 마음과 생각에 동류의식이 흐른다. (…) 위대한 사람을 알아보고 분별하여 감응할 수 있는 것은 대단한 능력이다. 이런 감응력이 노력을 이긴다. 상동, (p.65)

저자는 위대한 사람의 말을 따를 수 있는 건 위대한 자질이라고 합니다. 위대한 사람을 알아보고 분별하여 감응할 수 있는 능력은 노력보다도 낫다고도 합니다. 여러분이 어떤 분야이건 감응할 만한 사람을 만난 경험이 있다면 말해보세요.

---

03 용기

용기가 부족한 겁쟁이는 육신이 나약한 사람보다 더 비참하다. 많은 사람이 뛰어난 자질을 가졌으나 용기가 부족해서 살아도 산 것 같지 않은 삶을 살다가 태만이라는 무덤을 찾아 들어간다. 항상 기억하라. 자연은 꿀벌에게 꿀의 달콤함과 침의 날카로움을 함께 허락했다. 상동, (p.75)

저자는 용기가 부족한 겁쟁이는 육체적으로 나약한 사람보다 더 비참하다고 합니다. 용기가 없어서 지체하다가 겪는 어려움은 용기 있게 시작해서 마주한 어려움보다 견디기가 더 힘들다고 합니다. 꿀벌이 꿀의 달콤함과 침의 날카로움을 함께 허락받았다는 의미는 무엇일까요?

---

04 겉모습

겉모습 또한 가꾸어라. 보통 사람들은 진짜 본인의 모습을 보지 않고 보이는 대로 판단한다. 소수의 사람만이 내면을 볼 뿐이지 많은 사람은 겉모습을 따른다. 겉보기 나쁘다면 옳을 일이라도 충분하지 않다. 상동, (p.122)

저자는 보통 사람들은 누군가의 진짜 모습보다는 보이는 대로 보고 판단한다고 합니다. 또한 소수의 사람만이 내면을 볼 뿐 그보다 많은 사람이 겉모습을 따르기에 겉모습 또한 가꾸어야 한다고 합니다. 여러분은 저자의 주장에 얼마나 공감하시나요?

---

05 모두가 동의하는 일은 없다

사람의 취향은 다 다르다. 일부의 사람이 인정하지 않는다고 해서 결함이 아니며 몇몇 다른 사람을 즐겁게 하지 못했다고 해서 노심초사할 필요도 없다. 그 노력을 알아봐 주는 사람은 분명히 있기 마련이다. 그러나 다른 사람의 칭찬에 좌지우지되지 마라. 비난하는 사람도 분명히 있을 것이기 때문이다. 상동, (p.124)

저자는 내 생각과 다른 사람이 있다는 걸 알고 실망하는 사람이 있다고 합니다. 하지만 사람의 취향은 모두 다르기에 그러려니 받아들여야 한다고 합니다. 여러분은 누구나 동의하는 일은 없다는 말에 얼마나 공감하나요?

---

06 그대로 받아들임

가슴에 맺힌 슬픔이 천천히, 아주 천천히 변하기 시작했습니다. 저는 거부하지 않고 그 느낌이 절로 감싸도록 놔뒀습니다. 눈에 눈물이 고였습니다. 처음엔 주저하는 듯하더니 점점 더 강렬하게 솟구쳤습니다. (…) 무기력함을 마주하자 기쁨의 문이 다시 열렸던 것입니다. 슬픔 대신 경외감으로 가슴이 벅차올랐습니다. 『내가 틀릴 수도 있습니다』, (p.144)

저자는 "슬픔을 거부하지 않고 그 느낌이 저절로 감싸도록 그대로 두니 점점 더 강렬하게 솟구쳤다"라고 합니다. 슬픔을 넘어 무기력함을 마주하게 되었을 때는 기쁨의 문이 다시 열렸으며 경외감이 벅차올랐다고 합니다. 여러분도 슬픔을 거부하지 않고 그대로 받아들여서 마음이 평온해졌던 경험이 있나요?

◐ 이야기 정리하기

고난과 역경에 대처하는 방법으로 6개의 에피소드가 소개되었습니다. 여러분은 어떤 이야기에 할 말이 가장 많은가요?

05 자존감과 자기 가치

◐ 주제 이해하기

'자존감'과 '자존심'은 글자 한 자 차이입니다. '자존감'이 '나를 어떻게 평가하나?' 라는 생각의 개념이라면 이에 수반되는 감정을 자존심이라 부릅니다. 소개된 이야기를 이들과 연계하여 말해보세요.

◐ 이야기 나눔

01 경지

우리는 완벽하지 않다. 최고의 경지에 올라 탁월함과 성취를 이루기까지 매일 인격을 수양하고 삶의 목적을 발전시켜야 한다. 경지에 오른 사람은 순수한 취향, 분명한 생각, 성숙한 판단, 굳건한 의지를 보면 알 수 있다. (…) 경지에 오른 사람은 지혜로운 말과 신중한 행동을 하며 이들 곁에는 신중한 사람이 모여든다. 『아주 세속적인 지혜』, (p.26)

저자는 '사람은 완벽하지 않기에 탁월함과 성취를 이룰 때까지 수

양하여 최고의 경지에 올라야 한다' 라고 합니다. 그들의 특징은 순수한 취향, 분명한 생각, 성숙한 판단, 굳건한 의지라고 합니다. 여러분은 일정한 경지에 오르는데 중요한 요소는 무엇이라고 생각하나요?

02 평범한 사람이 되지 마라

위대한 자여! 평범한 지성에 만족하지 마라. 대중이 경이로워한다고 만족하지 마라. 대중은 무지하기에 경탄하는 것 말고는 그 이상을 보지 못한다. 어리석은 사람은 경이로움에 그치지만 지혜로운 자는 그 속에서 속임수를 분별한다. 상동, (p.48)

저자는 평범한 지성에 만족하지 말라고 합니다. 어리석은 사람처럼 그저 놀라기만 하지 말고 다른 사람은 볼 수 없는 뭔가를 찾아내라는 거지요. '평범한 사람이 되지 마라' 라는 말이 무슨 의미일지 여러분의 생각을 말해보세요.

03 강직한 사람

강직한 사람은 옳은 일을 추구한다. 대중의 열망이나 폭군의 폭력도 강직한 사람의 집념을 꺾을 수 없다. 하지만 누가 이런 정의의 불사조가 되려고 하겠는가? 정직을 추구하는 사람은 얼마나 적은가? 상동, (p.38)

저자는 강직한 사람을 진심으로 칭찬하지만 정작 자신은 그런 사람이 되지 않는 게 대부분이라고 합니다. 정직을 추구하다가 위험이 따르면 그만두기도 하고 처음부터 그걸 부정하기도 한다는 거지요.

여러분은 마음으로라도 끝까지 강직한 사람을 편들어 줄 수 있나요?

_____

_____

04 지혜를 찾는 나침반

우리는 누구나 순간의 지성을 끌어낼 수 있습니다. 우리 각자의 내면에는 정교하게 연마된 자기만의 조용한 나침반이 있어요. 그러나 그 지혜는 요란스러운 자아와 달리 은은해서 일부러 관심을 기울이지 않으면 소리를 들을 수 없습니다. 자아가 던지는 질문과 요구는 그보다 몇 배나 시끄러워 지혜의 소리를 완전히 묻어버리기 때문입니다. 『내가 틀릴 수도 있습니다』, (p.85~86)

"우리 각자의 내면에는 지혜를 찾을 수 있도록 정교하게 연마된 자기만의 조용한 나침반이 있습니다." 하지만 자아가 던지는 질문과 요구가 몇 배나 시끄러워 지혜의 소리를 잘 들을 수 없다고 합니다. 여러분은 내면의 소리를 들으며 '지혜'를 찾아보려고 노력하나요?

_____

_____

05 알아야 할 때 알아야 할 것

"떠오르는 모든 생각을 무작정 믿지 말아야 합니다. 주위가 흐트러지지 않아야 합니다. 현재 상황을 온전히 알아차려야 합니다. 그래야만 온 우주가 다음과 같은 원칙에 따라 운행된다는 근본적 진실을 알게 될 것입니다. 그 진실이 뭐냐고요?" 당신이 알아야 할 때 알아야 할 걸 알게 될 것입니다. 상동, (p.176)

저자의 스승 아디야산티는 "떠오르는 모든 생각을 무작정 믿지 말아야 현재 상황을 온전히 알아차릴 수 있다"라고 합니다. "당신이 알아야 할 때 알아야 할 걸 알게 될 것이다"라는 말도 했지요. '알아야 할 때 알아야 할 걸 알게 될 것이다'에 대해 의견을 말해보세요.

_____

_____

06 따뜻한 마음씨

마음속까지 진짜 차가운 성질을 갖고 태어난 어린이란 결코 없다. 사람들이 따뜻한 마음씨를 잃게 됨은 다만 청년 시대의 싱싱한 심정을 잃게 되는 거와 정비례할 따름이다. 중년이 되면 우리가 지닌 다감한 성품은 주위 환경에 의해 무자비하게 말살되어 숨이 막히고 냉각되고 위축된다. 『생활의 발견』, (p.36)

저자는 "사람들이 따뜻한 마음씨를 잃는 건 청년 시대의 싱싱한 심정을 잃게 되는 거와 정비례한다."라고 합니다. 또한 "우리가 세상 경험을 많이 쌓았다는 걸 자랑스럽게 여기게 될 무렵에는 신경이 많이 둔감해지거나 마비되어 있게 마련"이라고 합니다. 여러분의 경우는 어떠한지 이야기해보세요.

_____

_____

❂ 이야기 정리하기

자기의 능력, 성격, 존재 자체에 대해 있는 그대로 인정하는 게 중요합니다. 타인의 평가와 무관하게 스스로 소중히 여기고 존중하는 마음에서 비롯됩니다. 여러분은 '자존감'이 높은 편인가요?

06 만남과 타인과의 관계

◐ 주제 이해하기

만남은 필연적으로 타인과의 관계로 이어집니다. 6개의 이야기가 소개되었습니다. 각각의 이야기에 여러분의 의견을 말해보세요.

◐ 이야기 나눔

01 타인의 기억에 어떤 존재로 남을까?

지혜로운 사람은 자신에게 감사하는 사람보다 자신을 필요하다고 생각하는 사람에게 더 집중한다. 다른 사람에게 감사할 거리를 제공하기보다는 그 사람을 기대하게 만드는 게 요령이다. 기대는 좋은 기억을 바탕으로 하지만 감사는 나쁜 기억도 포함하기 때문이다.

『아주 세속적인 지혜』, (p.25)

저자는 지혜로운 사람은 자신에게 감사하는 사람보다는 자신을 필요하다고 여기는 사람에게 집중한다고 합니다. 그 이유로 기대는 좋은 기억을 바탕으로 하지만 감사는 나쁜 기억도 포함하기 때문이라고 합니다. 여러분은 타인에게 필요한 사람과 감사한 사람 중 어떻게 기억되길 바랍니까?

_____

_____

02 상대방을 움직이는 핵심 능력

상대방을 움직이는 핵심 능력은 그 사람의 우상이 무엇인지 파악하는 데 있다. 상대방의 주 관심사와 동기를 파악하여 그 사람을 움직여야 한다. 상대방을 움직이는 원동력은 고귀한 동기가 아닌 가장 밑바닥의 본능일 수 있다. 상대방을 지배하는 욕망이 무엇인지 먼저 파악하고 그것으로 어필하여 행동을 부추겨라. 상동, (p.46)

상대방을 움직이는 핵심 능력은 그 사람의 관심사와 동기 파악이라고 합니다. 그 사람의 본능이나 욕망을 파악한 후에 그걸 바탕으로 행동을 부추기라는 거지요. 여러분은 상대방으로부터 뭔가를 얻으려고 할 때 중시하는 원칙이 있나요?

_____

_____

03 인간관계에서 과유불급

인생에서 거절하는 법을 아는 게 중요하다. 하지만 더 중요한 건 적당한 선에서 물러서는 법을 아는 것이다. (…) 과유불급이란 말처럼 모든 일이 과하면 아니함만 못하다. 특히 인간관계에서는 과유불급의 지혜를 더 많이 적용해야 한다. 지혜롭고 적절하게 관계를 유지하면 타인을 향한 선의와 자존감을 모두 지킬 수 있다. 상동, (p.54)

저자는 인간관계에서 과유불급을 실천하면 타인을 향한 선의와 자신의 자존감을 모두 지킬 수 있다고 합니다. 거절하는 법을 아는 게 중요하지만 적당한 선에서 그칠 수 있는 게 더 중요하다고 합니다. 여러분은 과유불급(過猶不及)이란 말을 신경 쓰며 살고 있나요?

---

04 다툼에 대한 대처

하나의 다툼은 다른 다툼으로 이어진다. (…) 다툼에서 승리하기보다 다툼을 피하는 데 용기가 필요한 법이다. 따라서 명예를 실추시킬 만한 다툼을 피하고 이미 다툼에 빠진 사람이 있다면 그 사람을 본보기로 삼아 그와 같은 행동을 하지 않도록 주의하라. 상동, (p.68)

저자는 다툼에서 승리하기보다 다툼을 피하는 게 더 어렵다고 합니다. 따라서 어떤 경우든 다툼을 피하고, 다툼에 빠진 사람을 보면 그를 본보기 삼아 똑같은 행동을 하지 말라고 합니다. 여러분은 다툼을 벌여 승리하는 게 좋은가요? 아니면 저자의 주장처럼 다툼 자체를 피해서 만들지 않으려는 스타일인가요?

---

05 있는 그대로 받아들이기

우리가 서로를 있는 그대로 받아들일 때, 그리하여 모두 본연의 모습대로 살아갈 수 있도록 허락할 때 인생은 크게 달라집니다. 각자의 장점과 재능을 발휘하면서 앞으로 나아갈 기회를, 더 나은 모습으로 발전할 기회를 서로 상대에게 줄 수 있습니다. 남들이 우리를 있는 그대로 받아준다고 느끼면, 우리 또한 남들을 너그럽게 대하기 쉽습

니다. 『내가 틀릴 수도 있습니다』, (p.94~95)

저자는 "서로를 있는 그대로 받아들여 모두가 본연의 모습대로 살아갈 수 있도록 허락할 때 우리의 인생은 크게 달라진다"라고 합니다. 그렇게 하면 서로가 각자의 장점과 재능을 발휘할 수 있다는 거지요. 여러분은 타인을 있는 그대로 받아들이나요?

_____

_____

06 give & take

승려로 살며 배웠던 걸 저는 지금 '속세'에서도 거듭 확인하며 살아가고 있습니다. 우리가 사는 우주는 모든 것이 임의로 이루어지는 차갑고 적대적인 곳이 아닙니다. 오히려 정반대입니다. 우리가 세상으로 내보내는 건 결국 우리에게 고스란히 돌아오지요. 상동, (p.242)

저자는 "우리가 사는 우주는 모든 게 임의로 이루어지는 적대적이고 차가운 곳이 아니라 오히려 그 반대"라고 합니다. 세상으로 내보내는 건 우리에게 고스란히 돌아온다는 일종의 'give & take'가 아닐까요? 저자의 주장을 어떻게 생각하는지 의견을 이야기해 보세요.

_____

_____

❂ 이야기 정리하기

사람은 살면서 타인들을 만납니다. 그들과 관계를 맺는다는 이야기겠지요. 여기에 제시된 에피소드와 관련하여 여러분이 경험이나 느낌 생각을 이야기하고 싶은 게 있나요?

07 불확실한 세상을 살아가는 법

◐ 주제 이해하기

세상은 확실하기보다 불확실한 게 더 많지요. 그래서 평범하게 살기도 쉽지 않습니다. 여러분은 어떤 마음자세로 세상을 살아가나요?

◐ 이야기 나눔

01 신비주의

상대방에게 처음부터 모든 것을 내보이지 마라. 신비주의 전략은 당신의 가치를 높여줄 것이다. 눈앞에 놓인 카드 패를 바로 이용하는 건 쓸데없는 짓이다. 생각을 조금씩 드러낼수록 상대방은 기대할 것이다. 『아주 세속적인 지혜』, (p.23)

저자는 상대방에게 처음부터 모든 패를 보여주지 말라고 합니다. 나를 조금씩 드러낼 때 상대방의 기대감은 상승할 거라고 합니다. '신비주의'가 무엇인지 여러분의 의견을 이야기해보세요.

02 말을 하고 들으며 쌓는 지혜

오점을 남기지 않는 것은 완벽함의 필수 조건이다. 육체적이든 도덕적이든 단점이 없는 사람은 거의 없다. 하지만 사소한 단점도 쉽게 고칠 수 있다고 생각하기 때문에 소홀히 하기 쉽다. 그러나 명예에 사소한 흠이라도 있다면 그 흠을 감춰야 한다고 한다. 최고의 능력은 흠을 장식으로 바꿀 줄 아는 능력이다. 상동, (p.43)

저자는 육체적이든 도덕적이든 단점이 없는 사람은 거의 없지만 오점을 남기지 않는 게 완벽함의 필수 조건이라고 합니다. 명예에 사소한 흠이라도 있다면 그 흠을 감춰야 한다고 했지요. 요즘 비난받는 정치 지도자들이 거의 비슷한 행태를 보이고 있는데 여러분 의견은 어떠신지요?

_____

_____

03 평정심

신중한 사람은 평정심을 잃지 않는 것을 중요한 목표로 삼는다. 평정심은 고귀한 자의 징표이다. 고귀한 자는 상황에 쉽게 좌지우지되지 않는다. (…) 자기 자신을 다스릴 줄 아는 사람이 되면 어떤 상황에 부닥치더라도 침착하며, 그 어떤 걸 마주해도 자신의 명성을 지키며 자신의 탁월함을 증명한다. 상동, (p.73)

저자는 신중한 사람은 고귀한 자의 징표인 평정심을 지키는 일을 중요한 목표로 삼는다고 합니다. 신중한 사람은 어떤 경우에도 평정심을 유지하여 자신의 명성을 지키며, 탁월함을 증명한다고 합니다.

여러분은 화가 났을 때 상대방에게 어떤 방식으로 대응하나요?

_____

_____

04 천천히 서둘러라

천천히 쌓아 올린 지성에 성실함이 더해지면 빠르게 성취할 수 있다. 하지만 어리석은 사람은 서두르기에 실패한다. (…) 반대로 똑똑한 사람은 지체하기에 실패한다. (…) 민첩함은 행운의 어머니다. 행운이 따르는 사람은 오늘 일을 내일로 미루지 않는다. 로마 황제 아우구스투스의 좌우명은 '천천히 서둘러라' 였다. 상동, (p.74)

저자는 어리석은 사람은 서둘러서, 똑똑한 사람은 지체해서 실패한다고 합니다. 천천히 쌓아 올린 지성에 성실함이 더해지면 빠르게 성취할 수 있다고 했고, 로마 황제 아우구스투스의 좌우명은 '천천히 서둘러라'였다고 합니다. '천천히 서둘러라' 는 무슨 의미일까요?

_____

_____

05 명상이나 마음 챙김

'우리는 고요함 속에서 배운다. 그래서 폭풍우가 닥쳤을 때도 기억한다.' 사람들이 명상 수련회에 참석하거나 명상에 시간을 들이는 이유이지요. 고요함 속에서 배우고 수행하려는 것입니다. (…) 차분하고 평온한 장소에서 내 안의 고요를 만나다 보면 그보다 혼란스러운 일상에서도 좀 더 안정된 마음으로 살아갈 수 있습니다. 그렇지 않다면 그게 다 무슨 소용이 있겠습니까? 『내가 틀릴 수도 있습니다』, (p.199)

저자는 "인생에서는 몇 번이고 폭풍우를 만나게 된다"라고 합니다. '명상'은 고요함 속에서 배운 걸로 폭풍우가 닥친 혼란스러운 일상에서도 좀 더 안정된 마음으로 살아갈 수 있기 때문이라고 합니다. 여러분은 '명상'이나 '마음 챙김'을 해 본 경험이 있나요?

_____

_____

06 사회에 이바지하겠다는 마음가짐

명상을 가르치기 시작했습니다. (…) 스웨덴어로 명상 수련을 진행할 수 있는 강사에 대한 수요가 많아 여기저기서 저를 찾았지요. 사람들에게 도움을 줄 수 있게 되자 영혼이 치유되는 것 같았고, 다시 조금씩 나아갈 힘을 얻을 수 있었습니다. 저에게도 사회에 이바지할 것이 있었습니다. 상동, (p.211)

저자는 태국에서 스웨덴으로 돌아와서 명상을 가르쳤다고 합니다. 명상 가르치기를 통해 다른 사람을 도와주면서 사회에 이바지할 수 있다는 걸 알고 마음이 벅찼다고 합니다. 여러분도 누군가를 도와주려는 마음가짐을 가지고 있나요?

_____

_____

◐ 이야기 정리하기

사람이 살아가는 세상은 불확실성으로 가득 차 있습니다. 여기서는 그것과 관련하여 6개의 글이 실려있습니다. 여러분은 불확실성을 조금이라도 줄이기 위해 어떤 삶을 살아야 한다고 생각하나요?

08 선택과 결정 그리고 책임

◐ **주제 이해하기**

세상을 살아가는 일은 선택과 결정이 연속되는 과정이고 그에 따른 책임도 져야 합니다. 여기에는 6개의 이야기가 언급되었습니다. 이와 관련하여 여러분의 의견을 이야기해보세요.

◐ **이야기 나눔**

01 환경과 나

사람도 자신이 태어난 곳의 환경이 지닌 장단점에 모두 노출된 채 살아간다. 환경의 덕을 다른 사람보다 더 많이 보는 사람이 있긴 하지만 가장 뛰어난 환경에도 결점은 있다. 자신의 환경이 지닌 결점을 고치거나 그 결점이 드러나지 않도록 하는 사람이 가장 영리한 사람이다. 『아주 세속적인 지혜』, (p.29)

저자는 사람은 태어난 환경에 노출된 채로 살아간다고 합니다. 하지만 아무리 유리한 환경도 결점이 있으며 영리한 사람은 그런 결점을 타인에게 보이지 않는다고 합니다. 불리한 환경이라고 생각할 때 그걸 탓하는 성격인가요? 아니면 그걸 바꿔보려고 애쓰는 편인가요?

02 부와 명예

부는 변덕스러우나 명예는 오랫동안 지속된다. 부는 이생을 위한 것이나 명예는 삶 이후를 위한 것이다. 부는 질투심에 맞서야 하지만 명예는 망각에 맞서야 한다. 부는 열망해야 하며 때로는 행운이 따라줘야 이룰 수 있지만 명예는 정직하게 주어지는 것이다. 상동, (p.30)

저자는 부는 변덕스럽고 이생을 위한 것이지만 명예는 삶 이후를 위한 것이라고 합니다. 또한 부는 열망과 때로는 행운이 따라야 잡을 수 있지만 명예는 정직하게 주어지는 것이라고 우선 가치를 두고 있습니다. 여러분은 부와 명예 중 어느 쪽을 택하시겠습니까?

03 성선설과 성악설

인간이 타고난 착한 본성에 쉴새없이 도끼질하므로 밤 동안에 취한 휴식과 건강의 회복이 소용없게 되며, 밤 사이에 취하는 휴식이 전혀 효험이 전혀 없게 되는 날에 그 인간은 짐승과 별로 다를 바 없는 처지가 될 것이다. 사람들은 그가 짐승과 같이 행함을 보고 그에게는 일찍이 인간다운 참된 마음이 없다고 생각한다. 그러나 이것이 그가 타고난 진짜 본성일까? 『생활의 발견』, (p.34)

인간이 타고난 착한 본성에 쉼 없이 도끼질을 당하면 인간다운 참된 마음이 없어져 짐승과 다를 바 없는 처지가 된다고 합니다. 하지만 맹자는 '이것이 사람이 타고난 진짜 본성일까?'라고 하면서 성선설을 주장합니다. 여러분은 사람의 본성이 '성선설'과 '성악설' 중 어느 쪽에 기반한다고 생각하나요?

04 따뜻한 마음씨

마음속까지 진짜 차가운 성질을 갖고 태어난 어린이란 결코 없다. 사람들이 따뜻한 마음씨를 잃게 됨은 다만 청년 시대의 싱싱한 심정을 잃게 되는 거와 정비례할 따름이다. 중년이 되면 우리가 지닌 다감한 성품은 주위 환경에 의해 무자비하게 말살되어 숨이 막히고 냉각되고 위축된다. 상동, (p.36)

저자는 "사람들이 따뜻한 마음씨를 잃는 건 청년 시대의 싱싱한 심정을 잃게 되는 거와 정비례한다."라고 합니다. 또한 "우리가 세상 경험을 많이 쌓았다는 걸 자랑스럽게 여기게 될 무렵에는 신경이 많이 둔감해지거나 마비되어 있게 마련"이라고 합니다. 여러분의 경우는 어떠한지 이야기해보세요.

05 중용

가장 행복한 사람은 간신히 경제적으로 독립하게 되었고 인류를 위해 대단한 공헌은 하지 않았으나 그런대로 다소의 일을 했고, 사회에서 어느 정도 이름은 알려졌지만 그다지 유명한 인물이 아닌 그런

정도의 중산층에 속하는 사람들이다. 상동, (p.58)

저자는 "사람들은 이 세상에서 살아나가야 하기에 철학을 하늘나라에서부터 땅 위로 끌어내려야 한다"라고 합니다. 가장 인간미 있는 철학은 실재하는 대지와 가공의 천국 중간에서 태어난 존재가 즐길 수 있는 '중용'이라고 합니다. 여러분이 아는 '중용'을 이야기해보세요.

―――――――――――――――――――――――
―――――――――――――――――――――――

06 동심

어떤 경우에도 나는 시나 노래보다도 돼지고기를 고를 것이다. 노릇노릇하게 타서 씹으면 바삭하는 아주 고급 소스를 발라서 구운 등심 살코기 한 조각을 얻기 위해서라면 번잡한 철학 따위는 내던져도 좋다고 생각한다. 나는 이런 유물론자다. 생활을 사색보다 소중하다고 생각함으로써 철학의 열광이나 숨막히는 기분에서 빠져나올 수 있으며 동심이 지닌 참된 통찰력의 신선함과 소박함을 얼마간 되찾을 수 있다. 상동, (p.107)

저자는 "어떤 경우에도 정신적인 면을 강조하는 철학보다는 먹는 즐거움을 주는 생활을 중시하겠다"라고 합니다. 동심의 참된 통찰력과 소박함을 얼마간은 되찾을 수 있기 때문이라는 거지요. 동심은 무엇이며 얼마만큼의 동심이 있는지 이야기해보세요.

―――――――――――――――――――――――
―――――――――――――――――――――――

◐ 이야기 정리하기

선택, 결정 그리고 책임과 관련하여 6개의 에피소드가 있습니다. 여러분의 가슴에 와닿는 게 있다면 이야기해보세요.

09 사회 문제에도 관심을

○ **주제 이해하기**

사람은 혼자 살 수 없기에 누구도 사회적 굴레에서 벗어나기가 쉽지 않습니다. 여기서는 사회적 이슈가 되는 몇 가지 문제를 살펴보겠습니다. 각각의 이야기에 대해 여러분의 의견을 말해보세요.

○ **이야기 나눔**

01 저출산과 가정의 모습

어떤 문명도 그 문명에 대한 마지막 가치 판단은 그것이 어떤 모양의 남편과 아내와 아버지와 어머니를 만들어냈느냐 하는 데 달려있다. 아주 간단한 이 점을 도외시하고는 온갖 문명이 이룩한 공적 즉 예술, 철학, 문학, 물질적 생활 같은 건 아무런 의미가 없는 게 되고 만다. (…) 따라서 가정을 무시하고 가정을 열등한 지위로 내모는 문명은 더 초라한 산물을 만들어내기 쉽다.

『생활의 발견』, (p.111~112)

저자는 "가정을 무시하고 가정을 열등한 지위로 내모는 문명은 미래가 별로 없다"라고 합니다. 가정은 남편과 아내, 아버지와 어머니가 조화롭게 살아가는 문명사회의 기본 틀이라는 말이겠지요. 저출산 문제가 심각하게 대두되고 있는 요즘에 바람직한 가정은 어떤 모습이어야 할까요?

---

02 여자와 남자의 차이

예술가는 남녀 육체의 해부학을 평등하게 연구하지만, 남성의 육체에 관한 연구를 영리상의 계산에 잘 맞도록 한다는 건 아무래도 어려운 일인 듯싶다. (…)

예술적인 동시에 도덕적인 걸 취지로 삼는 고급 쇼의 경우에도 여성은 예술적이어야 하고 남자는 도덕적이어야 마땅하지, 여성이 도덕적인 존재가 되고 남자는 예술적인 존재가 되라고 주장하지 않는다. 상동, (p.131~132)

저자는 "예술가들이 남성의 육체를 연구해서 돈벌이하기는 쉽지 않을 것"이라고 합니다. 아무리 고상한 예술이라도 남성은 도덕적이어야 하고 여자는 예술적인 면을 강조한다고 했지요. 여성과 남성의 차이는 '화성에서 온 남자와 여성에서 온 여자'처럼 근본적으로 차이가 있는데 그 차이점 중 한 가지를 이야기해보세요.

03 주위를 살펴보면

운이 따르는 사람을 만나고 불운이 따르는 사람은 피하라. 불운이란 일반적으로 어리석은 행동의 결과다. 이것만큼 전염성이 강한 병도 없다. 악마에게 절대로 문을 열어주지 마라. 그것이 설령 덜 악한 존재라 할지라도, 더 강한 악마가 슬그머니 동행해 들어올 것이다.
『아주 세속적인 지혜』, (p.52)

저자는 운이 따르는 사람을 만나고 불운이 따르는 사람은 피하라고 합니다. 불운이란 보통 어리석은 행동의 결과이기에 운이 따르는 신중하고 지혜로운 사람과 친하게 지내라고 합니다. 여러분 주위에는 운이 따르는 사람이 많은 편인가요? 불운이 따르는 사람이 많은 편인가요?

---

04 편견이나 판단

우리에게 관심을 기울이고 호기심 어린 눈빛으로 귀를 기울이는 사람에게 마음을 터놓을 때 얼마나 좋은지요. 잠시라도 내 입장에서 생각하고 뒤를 받쳐주는 사람이 있다는 건 참으로 든든합니다. 그와 같은 경청은 그 자체로 치유 효과가 있습니다. 그렇게 들어주는 사람을 만났을 때 우리는 자기의 모습을 새롭게 발견하게 되지요. 상동, (p.121)

저자는 "우리에게 관심을 기울이며 경청하는 사람이 있다면 그 자체로 치유 효과가 있다"라고 합니다. 또한 아무런 편견이나 판단 없이 귀를 기울이면 상대방뿐만 아니라 먼저 자기 자신을 더 잘 이해할 수 있게 된다고 합니다. 여러분 주변에는 여러분의 말에 편견이나 판단 없이 귀를 기울이는 사람이 있나요?

---

05 절망적인 상황

앞으로 벌어질 일에 관한 의사의 설명을 듣고 나서 저는 진료실을 나왔습니다. (…) 후들거리는 다리로 간신히 버티면서 친구인 나비드에게 전화를 걸었습니다. 어떤 결과가 나오든 사랑하는 엘리사베트에게는 전화로 알리지 않기로 미리 합의해둔 터였지요. 집에 돌아가 얼굴을 보면서 이야기할 생각이었습니다. 상동, (p.245)

저자는 "자신의 병에 관해 의사의 설명을 듣고 앞으로 벌어질 일을 생각하며 망연자실했다"라고 합니다. 아내에게는 직접 얼굴을 보면서 그 결과를 이야기하기로 작정하고 친한 친구에게 전화를 걸었다고 했지요. 여러분은 저자처럼 의사로부터 절망적인 병에 걸렸다는 선고를 받는다면 어떻게 하시겠습니까?

---

06 안락사

다음 순간 강렬한 뭔가가 아버지의 눈에 비쳤습니다. 몇 초 뒤에 베르트 타우베의 〈린네아Linnea〉가 흘러나오는 가운데 아버지 몸에서 모든 근육이 일시에 작동을 멈췄습니다. 죽음은 즉각적이었습니다. 아버지의 온화한 얼굴에서 뜻밖의 표정이 엿보였습니다. 순전한 경이로움이랄까요. 상동, (p.285)

저자의 아버지는 "오래 살 수 없는 질병에 걸린 걸 알고 그 질병이 마수를 뻗치기 전에 끝내고 싶다"라고 말했습니다. 결국 저자와 그 가족들은 아버지의 희망대로 '죽음'을 맞도록 진행했다고 합니다. 여러분은 '안락사'에 대해 생각해 본 적이 있나요?

_____

_____

◐ 이야기 정리하기

세상에서는 무수히 많은 일이 발생합니다. 그 모든 사건을 알 수는 없겠지만 그래도 이슈는 관심을 두어야 합니다. 여러분이 흥미를 느낄 만한 이야기는 무엇인가요?

제4부
이야기 독서를 위한 책 질문지 (9권)

들어가기

1. 돈의 심리학

2. 빅터 프랭클의 죽음의 수용소에서

3. 생각의 각도

4. 핵 개인의 시대

5. 자존감 수업

6. 인플레이션에서 살아남기

7. 지속 불가능 자본주의

8. 뼛속까지 내려가서 써라

9. 질문의 힘

들어가기

　　2022년 상반기에「책과 함께 이야기하기」란 프로그램을 진행했습니다. 원래 〈이야기 나눔〉 프로그램을 염두에 뒀으나 결과적으로 책의 내용을 중시하는 〈이야기 독서〉 프로그램이 되었습니다. 초짜로 욕심을 부려 시행착오에 부닥치게 된 거지요. 그러나 사람들이 선호하는 게 무언지 또는 별로 좋아하지 않는 건 무엇인지를 확실하게 파악하는 수확은 있었습니다.

　　참가자들은 다른 중장년과 마찬가지로 이야기하기를 좋아했으나 책을 직접 읽거나 관심이 별로 없는 주제로 이야기하는 건 부담스러워했습니다. 반면, 이후 독서에 관심이 많은 사람을 만나면서 책의 내용에 초점을 두는 〈이야기 독서〉 모임도 필요하겠다는 생각이 들었습니다. 그래서 여기서는 그 눈높이에 맞게 분야별로 나름대로 조금은 전문적(?)이라 할 수 있는 9권의 책 질문지를 소개했습니다. 구체적으로 살펴보면『돈의 심리학』『빅터 프랭클의 죽음의 수용소에서』『생각의 각도』『핵개인의 시대』『자존감 수업』『인플레이션에서 살아남기』『지속 불가능 자본주의』『뼛속까지 내려가서 써라』『질문의 힘』등입니다.

4부는 〈이야기 나눔〉보다는 책의 내용을 중시하는 사람들을 위해서 만들었습니다. 〈이야기 나눔〉도 중요하지만, 책의 내용을 바탕으로 자기의 의견을 나타내고자 하는 사람들도 적지 않다는 걸 깨달았기 때문입니다.
　〈이야기 독서〉는 책의 내용에 방점을 두는 방식이라고 생각하면 될 듯합니다. 〈이야기 나눔〉과 방법에 차이가 있는 게 아니라 다룬 책이 다른 것이지요. 〈이야기 나눔〉이 대상으로 하는 책은 누구나 쉽게 자기 이야기를 할 수 있는 수필이나 인생철학류 책입니다. 반면 〈이야기 독서〉에서 다룰 책은 4부에서 취급한 아홉 권처럼 조금 더 전문적인(?) 수준의 책이라고나 할까요?

Chapter_4 자기계발

04 이야기 독서를 위한 책 질문지(9권)

참가자들이 돌아가면서 각각의 소제목(1-9)에 있는 '붉은색으로 된 구절'을 읽음

이야기 힐링 지도사가 그 아래에 있는 질문지를 읽음

이후 이야기 힐링 지도사, 참가자가 함께 소제목의 이야깃거리를 중심으로 각자의 경험과 생각, 느낌을 이야기하고 들으며 힐링

이야기 힐링 지도사는 주도자이기보다는 조정자(Faciltator 역할)

이야기 힐링 지도사는 다른 참가자와 똑같은 자격으로 이야기하고 듣기

01 『돈의 심리학』

◎ 이야기 나눌 책자 개요

책자 및 저자 소개	『모건 하우절』, 인플루엔셜(2021.1.13.), 자산관리 저자는 전 〈월스트리트저널〉 기자. 현재 미국 최고의 경제 잡지인 〈모틀리플〉의 칼럼리스트로 활동하고 있다. "수많은 부자를 만나면 만날수록 경제위기에 관한 기사를 쓰면 쓸수록 돈 문제는 재무 관리가 아닌 역사와 심리학을 통해 이해할 수 있음을 깨달았다. 사람들이 빚더미에 앉은 이유를 이해하려면 금리를 공부할 게 아니라 인간의 탐욕, 불안정성, 낙관주의의 역사를 연구해야 한다. 하락장 바닥에서 주식을 매도한 이유를 알려면 기대 수익률에 대한 수학 공식 대신 인간의 고뇌를 알아야 한다."
핵심 메시지	가장 크게 성공한 투자자, 가장 크게 파산한 투자자 모두를 만나보고 깨달은 한 가지는 진정으로 부를 이해하고 부를 얻고 싶다면 인간의 심리를 알아야 한다는 점이다. 부자가 되는 건 지능도, 학력도, 숫자도 아닌 인간 심리와 행동 편향, 바로 '돈의 심리학'에 의해 좌우된다.

◐ 이야기 나눔

01 '돈' 이란?

돈은 사방에 있다. 우리 모두에게 영향을 미치고 대부분 사람을 혼

란스럽게 만든다. 돈을 생각하는 방식은 누구나 조금씩 다르다. 돈은 리스크나 신뢰, 행복처럼 삶의 다른 많은 영역에도 적용할 수 있는 교훈을 준다. 사람들이 왜 그렇게 행동하는지를 설명하는 데 돈보다 더 강력한 확대경을 제공하는 것은 없다. (p.19)

저자는 "우리 모두에게 영향을 미치고 사람들을 혼란스럽게 만드는 돈에 대해 생각하는 방식은 사람마다 조금씩 다르다"라고 합니다. 사람들이 어떻게 행동하는지를 이해하는 데 돈보다 더 강력한 도구도 없다고 합니다. 여러분은 '돈'이 무엇이라고 생각하나요?

_____

_____

02 투자 결정 방식

두 경제학자가 발견한 사실에 따르면 사람들의 투자 결정은 본인 세대의 경험, 특히 성인기 초기의 경험에 크게 좌우된다고 한다. 투자자 각자의 위험 선호도는 개인의 경험에 좌우되는 거로 보인다. 지능도, 교육도 아니었다. 순전히 언제, 어디서 태어났느냐 하는 우연에 좌우될 뿐이다. 누구나 자신만의 경험에 근거해서 주어진 순간에 자신에게 합리적으로 보이는 의사결정을 내릴 뿐이다. (p.43~44)

저자는 "사람들의 투자 결정은 지능이나 교육 정도가 아니라 순전히 개인의 경험에 좌우된다"라고 합니다. 누구나 자신만의 경험을 토대로 주어진 순간에 합리적으로 보이는 의사결정을 한다는 것이지요. 여러분은 어떤 방식으로 투자 결정을 하는지 이야기해보세요.

03 객관적 판단

다른 누군가의 실패는 보통 잘못된 의사결정 탓이고, 나 자신의 실패는 보통 리스크의 어두운 면 때문임을 알았다. 내가 당신의 실패를 판단할 때는 깔끔하고 단순한 원인과 결과를 가진 스토리를 선호할 가능성이 크다. (…) "결과가 나쁜 것을 보니 당신의 잘못된 의사결정이 원인이었던 게 틀림없다"라는 게 나에게는 가장 합리적인 스토리다. 그러나 나 자신을 판단할 때는 나의 과거 의사결정을 정당화하고 나쁜 결과를 리스크 탓으로 돌릴 수 있는 엄청난 내러티브를 만들어내는 것이 가능하다. (p.56)

저자는 "누군가의 실패는 보통 그 사람의 잘못된 의사결정 탓이고 나 자신의 실패는 리스크 탓으로 돌린다"라고 합니다. 남의 눈에 있는 티끌은 잘 보면서도 내 눈의 들보는 보지 못한다는 의미겠지요. 여러분은 자신의 성공 실패를 객관적으로 평가하려는 편인가요?

---

04 최고 수익률 투자 또는 꾸준한 수익률 투자

사람들은 언제나 최고 수익률을 원한다. 그러나 오랜 시간 성공을 '유지'한 사람들은 최고 수익률을 내지 않았다. 그들은 꾸준한 투자율을 보였다. 오랫동안 괜찮은 수익률을 유지하는 게 훨씬 더 좋은 결과를 낳는다. 그러니 '닥치고 기다려라'. 시간의 힘, 복리의 힘이 너희를 부유케 할 것이다. (p.96)

저자는 "최고 수익률보다는 오랫동안 괜찮은 수익률을 유지하는 게 훨씬 좋은 투자 방법"이라고 합니다. 복리의 힘이 위력을 발휘할 수 있는 '닥치고 기다릴 수 있는 투자'를 추천합니다. 여러분은 어떤 유형의 투자자인가요?

―――――――――――――――――――――――

―――――――――――――――――――――――

05 '돈을 버는 것'과 '돈을 잃지 않는 것'의 차이

자본주의는 녹록지 않다. 그 이유 중 하나는 돈을 버는 것과 돈을 잃지 않는 것이 전혀 다른 별개이기 때문이다. 돈을 버는 것에는 리스크를 감수하고 낙관적 사고를 하고, 적극적 태도를 갖는 등의 요건이 필요하다. 그러나 돈을 잃지 않는 것은 리스크를 감수하는 거와는 정반대의 재주를 요한다. 겸손해야 하고, 또한 돈을 벌 때만큼이나 빨리 돈이 사라질 수 있음을 두려워할 줄 알아야 한다. (p.103~104)

저자는 "자본주의에서 돈을 버는 것과 돈을 잃지 않는 건 전혀 별개"라고 합니다. 그러면서 돈을 버는 것보다는 돈을 잃지 않는 게 더 중요하기 때문에 과거의 성공이 되풀이 될 것이라고 믿지 말고 겸손한 태도를 가져야 한다고 합니다. '돈을 버는 것'과 '돈을 잃지 않는 것'이 어떻게 다른 걸까요?

―――――――――――――――――――――――

―――――――――――――――――――――――

06 '부'란?

부는 구매하지 않은 좋은 차 또는 다이아몬드다. 부는 숨어 있다. 부는 쓰지 않은 소득이다. 나중에 무언가를 사기 위해 아직 사용하지 않은 선택권이다. 부의 진정한 가치는 언젠가 더 큰 부가 되어 지금보

다 더 많은 것들을 살 수 있는 선택권과 유연성을 제공하는 데 있다. 부자가 되는 유일한 방법은 가진 돈을 쓰지 않는 것이다. (p.163~165)

저자는 "돈을 쓰지 않는 건 부자가 되는 유일한 방법이며 바로 부의 정의"라고 합니다. 부의 진정한 가치는 필요한 걸 사야 할 때 더 많은 선택권과 유연성을 제공하는 것이라고 합니다. 여러분이 생각하는 '부'에 대해 이야기해보세요.

---

07 '좋아하는 걸 한다'와 인내심의 상관관계

'좋아하는 걸 하라'는 말을 더 행복한 삶을 살기 위한 조언으로 보면 그저 포춘 쿠키에 적힌 글씨처럼 공허하게 느껴질 수도 있다. 그러나 인내심을 주는 말로 본다면 어떨까. 인내심은 성공 확률을 나에게 유리한 쪽으로 옮겨오기 위한 필수 요소다. 이 점을 생각한다면 모든 금융 전략에서 '좋아하는 투자를 하는 것'이 대단히 중요함을 깨닫게 된다. (p.194)

저자는 '좋아하는 걸 하라'라는 말을 인내심의 관점에서 접근하라고 제시합니다. 인내심은 성공 확률을 나에게 옮겨 오기 위한 필수 요소라고도 합니다. '좋아하는 걸 하라'는 말과 '인내심'의 상관관계에 대해 여러분의 의견을 말해보세요.

---

08 선호하는 투자 방식

투자는 엄밀한 과학이 아니다. 투자란 수많은 사람이 한정된 정보를 가지고 자기의 행복에 엄청난 영향을 미칠 사안에 대해 불완전한

의사결정을 내리는 일이다. 그러니 똑똑한 사람들도 예민하고 탐욕스러워지며 편집증을 갖게 된다. 돈과 관련해 가장 중요한 동인은 무엇일까? 사람들이 스스로 믿고 있는 이야기, 그리고 재화와 서비스에 대한 개인의 선호다. (p.202~203)

저자는 "투자는 자기의 행복에 엄청난 영향을 미칠 사안에 대해 불완전한 의사결정을 내리는 일"이라고 합니다. 돈과 관련해 가장 중요한 동인은 스스로가 믿고 있는 이야기, 재화와 서비스에 대한 개인의 선호라고 합니다. 여러분은 어떤 방식의 투자를 더 선호하나요?

[선택1] 경제학 또는 투자이론에 따른 전통 방식의 투자

[선택2] 심리학이 분석한 개인 심리를 파악한 후의 투자

09 '과거의 나' 와 '미래의 나'

심리학자들이 쓰는 용어 중에 재미있는 말이 있다. '역사는 끝났다는 착각.' 역사는 끝났고 변화는 더 이상 없을 거란 착각이다. 과거에 비해 자신이 얼마나 많이 변했는지는 예민하게 인지하면서 미래에 자신의 성격이나 욕망, 목표 등이 변할 수 있음을 과소평가하는 것을 말한다. (p.244)

저자는 "사람들은 자신이 과거에 비해 얼마나 많이 변했는지 예민하게 인지하면서도, 미래에 자신의 성격이나 목표 등이 변할 수 있음을 과소평가한다"라고 합니다. '과거의 내가 앞으로도 계속 같은 사람'이라고 착각을 한다는 거지요. 여러분은 '과거의 나' 와 '미래의 나' 가 같은 사람이라고 생각하나요?

10 벌금과 수수료

가치 있는 것 중에서 공짜로 얻어지는 거는 없다. 성공적인 투자에도 비용이 드는 법. 그러나 가장 큰 비용에는 눈에 보이는 가격표는 없다는 사실을 기억해라. 불확실성, 의심, 후회는 돈의 세계에서 흔히 볼 수 있는 비용이다. 이런 것들은 지불할 가치가 많다. 이것들을 수수료(무언가 좋은 걸 얻기 위해 지불할 가치)로 보아야지 벌금(피해야 할 처벌)으로 보아서는 안 된다. (p.337)

저자는 "성공적인 투자에는 눈에 보이는 가격표가 없는 비용이 들어간다"라고 합니다. 불확실성, 의심, 후회 등이 바로 그러한 비용인데 지불할 가치가 크다고 합니다. 저자는 이것들을 벌금이 아니라 수수료로 보라고 하는데 이에 대해 여러분의 의견을 말해보세요.

_____
_____

◐ 이야기 정리하기

『돈의 심리학』의 저자는 돈 문제는 재무 관리가 아닌 역사와 심리학을 통해 이해할 수 있음을 깨달았다고 합니다. 즉 부자가 되는 건 지능도, 학력도, 숫자도 아닌 인간 심리와 행동 문제라는 거지요. 여기서는 책의 핵심 내용을 10개 뽑아서 소개했습니다. 여러분의 경험이나 생각, 느낌을 이야기해보세요.

02 『빅터 프랭클의 죽음의 수용소에서』

◎ 이야기 나눌 책자 개요

책자 및 저자 소개	『빅터 프랭클의 죽음의 수용소에서』, 청아출판(2022.1.30.) (개정판 6쇄), 문학에세이. 저자(1905~1997년)는 오스트리아 빈에서 태어나 빈 대학에서 의학박사와 철학박사 학위 받고, 제2차 세계 대전 당시 3년 동안 다하우와 아우슈비츠 강제 수용소에 수용. 프로이트의 정신 분석과 아들러의 개인심리학에 이은 정신 요법 3학파라 불리는 로고테라피 학파 창시
핵심 메시지	인간은 어떻게 살아야 할까? - 상상을 초월하는 최악의 순간, 믿을 수 없을 정도로 용감하게 맞서 싸운 인간의 의지 - 수용소에서 어떤 사람은 성자처럼 행동했고 어떤 사람은 돼지처럼 행동했다. 사람의 내면에 두 개의 잠재력이 모두 있으며 그중 어떤 것을 취하느냐는 전적으로 그 사람의 의지에 달린 문제임

◯ 이야기 나눔

01 공포를 느꼈던 순간

잠시 후 기차가 덜컹거리며 옆 선로로 들어갔다. 종착역이 가까워

진 게 분명했다. 바로 그때 불안에 떨고 있던 사람들 틈에서 울부짖는 소리가 들려 왔다. "아우슈비츠야. 저기 팻말이 있어."

그 순간 모든 사람의 심장이 멈췄다. 아우슈비츠! 가스실, 화장터, 대학살 그 모든 공포를 불러일으키는 이름. 기차는 망설이는 것처럼 천천히 움직였다. (p.30~31)

저자는 일행이 탄 기차가 아우슈비츠 수용소에 들어가는 상황을 묘사했습니다. 아우슈비츠는 가스실, 화장터, 대학살 등 사람들에게 공포를 일으키는 이름이라고 했습니다. 여러분이 인생을 살면서 공포를 가장 느꼈던 순간은 언제인가요?

---

02 세상이 아름답다고 느꼈던 적이 있는가?

진흙 바닥에 패인 웅덩이에 비친 하늘의 빛나는 풍경이 잿빛으로 지어진 우리의 초라한 임시 막사와 날카로운 대조를 이루고 있었다. 감동으로 잠시 침묵이 흐른 뒤 누군가가 이렇게 말했다. "세상이 이렇게 아름다울 수가 있다니!" (p.73)

저자는 바닥에 있는 웅덩이에 잿빛 막사와 대조를 이루는 하늘의 빛나는 풍경을 보고 감동했다고 합니다. 같이 있던 누군가는 "세상이 이렇게 아름다울 수가 있다니!"하고 외쳤다고 합니다. 여러분도 '세상이 참 아름답구나'라고 느꼈던 적이 있다면 이야기해보세요.

---

03 '번호'를 단다는 의미

중요한 건 번호뿐이다. 오로지 죄수 번호를 가지고 있을 때만 그 사람이 의미있는 것이다. 사람은 글자 그대로 번호가 됐다. 그 사람이 죽었는지 살았는지는 중요한 문제가 아니다. 그 '번호'의 생명은 철저하게 무시된다. 그 번호 이면에 있는 것, 즉 그의 삶은 그렇게 중요한 것이 못 된다. (p.90)

저자는 "수용소 안에서 중요한 건 번호뿐이며 죄수 번호를 가지고 있을 때만 그 사람이 의미가 있다"라고 합니다. 사람은 글자 그대로 번호에 그치는 것이며, 그의 생명은 그렇게 중요하지 않다고 합니다. 여러분이 만약에 '번호'를 달고 살아야 한다면 어떤 느낌일지 상상해서 이야기해보세요.

---

04 탈리오 법칙

다른 사람이 자신에게 옳지 못한 짓을 했다 하더라도 자기가 그들에게 옳지 못한 짓을 할 권리는 어떤 누구에게도 없다는 평범한 진리를 일깨워 주어야 한다. 우리는 그들이 이런 진리로 다시 돌아올 수 있도록 이끌어 주는 노력을 게을리해서는 안 된다. (p.142)

저자는 "다른 사람이 자신에게 옳지 못한 짓을 했다 하더라도 자기도 똑같은 짓을 할 권리는 누구에게도 없다"라고 합니다. 수용소에서 해방된 사람들조차 마음대로 해서는 안 된다고 했지요. 여러분은 저자의 주장에 얼마나 공감하나요?

05 의미를 찾고자 하는 의지

로고스(logos)는 '의미'를 뜻하는 그리스어다. 로고테라피 혹은 다른 학자들이 '빈 제3정신 의학파'라 부르는 이 이론은 인간 존재의 의미는 물론 그 의미를 찾아 나가는 인간 의지에 초점을 맞춘 이론이다. 로고테라피 이론에서는 인간이 자신 삶에서 어떤 의미를 찾고자 하는 노력을 인간의 원초적 동력으로 본다. (p.151)

저자가 창시한 로고테라피는 인간 존재의 의미는 물론 그 의미를 찾아 나가는 인간 의지에 초점을 맞춘 이론입니다. 프로이트 학파가 중점을 두는 '쾌락의 원칙'이나 아들러 학파의 '권력에의 추구'와 대비하여 '의미를 찾고자 하는 의지'를 강조하지요. '의미를 찾고자 하는 의지'가 무엇일지 여러분의 생각을 말해보세요.

_____

_____

06 책임감

로고테라피에서는 책임감을 인간 존재의 본질로 본다. 다음은 행동 강령이다. '인생을 두 번째로 살고 있는 것처럼 살아라. 그리고 지금 당신이 막 하려고 하는 행동이 첫 번째 인생에서 이미 그릇되게 했던 그 행동이라고 생각하라.' (p.164)

저자는 "로고테라피의 강령처럼 인간의 책임감을 자극하기에 좋은 말도 없다는 생각이 든다"라고 합니다. 로고테라피는 환자 치료에 있어 '무엇을 위해, 무엇에 대하여 혹은 누구에게 책임져야 하는지?' 하는 문제는 전적으로 환자 스스로의 판단에 맡긴다고 합니다. '책임감' 이란 무엇인지 여러분의 생각을 말해보세요.

07 화가와 안과 의사

로고테라피 치료사가 하는 일은 화가보다는 안과 의사가 하는 일에 가깝다. 화가는 자기 눈에 비친 세상의 모습을 우리에게 전하려고 애쓴다. 반면에 안과 의사는 우리가 세상을 있는 그대로 보게 해주려고 노력한다. 로고테라피 치료사의 역할은 환자의 시야를 넓히고 확장하는 일이다. 그렇게 함으로써 잠재되어있는 의미의 전체적인 스펙트럼을 환자가 인식하고 볼 수 있도록 해준다. (p.165)

저자는 "로고테라피 치료사가 하는 일은 화가보다는 안과 의사가 하는 일에 가깝다"라고 합니다. 자기의 주장보다는 환자의 시야를 넓히고 확장하려고 한다는 거지요. 여러분은 성격상 화가와 안과 의사 중 어느 쪽 일을 하는 게 더 편한가요?

08 허무주의

허무주의는 아무것도 없다고 주장하지 않는다. 그 대신 모든 게 무의미하다고 말한다. 조지 A 사전트가 이것을 '학습된 무의미함' 이라고 한 건 전적으로 맞는 표현이다. (p.217)

저자는 "인간의 존엄성을 단순한 유용성과 혼동하는 건 개념상의 혼동에서 비롯된 것이며, 그 근원은 현대의 허무주의로 거슬러 올라갈 수 있다"라고 합니다. 허무주의는 아무것도 없는 게 아니라 모든 게 무의미하다는 말입니다. 여러분이 알고 있는 '허무주의'에 대해 이야기해보세요.

_____

_____

09 사람의 내면

우리 세대는 실체를 경험한 세대이다. 왜냐하면 인간이 정말로 어떤 존재인지를 알게 되었기 때문이다. 인간은 아우슈비츠 가스실을 만든 존재이자 또한 의연하게 가스실로 들어가면서 입으로 주기도문이나 「셰마 이스라엘」을 외울 수 있는 존재이기도 하다. (p.164)

아우슈비츠를 경험한 저자는 여러 사람을 보면서 "인간이 어떤 존재인지를 알게 되었다"라고 합니다. 사람의 내면에는 성자나 돼지처럼 행동하는 두 개의 잠재력을 모두 가지고 있는데 그중 어떤 걸 취하느냐 하는 문제는 전적으로 본인의 의지에 달려있다고 합니다. 여러분은 어떤 군상의 사람일까요?

_____

_____

10 자살을 기도하는 사람에 대한 대응

자살 기도가 미수에 그친 사람들이 수없이 하는 얘기가 자살이 실패했다는 걸 알았을 때 얼마나 기뻤는지 모른다고 말한 사실이다. 자살에 실패한 지 몇 주일 후, 몇 달 후 그리고 몇 년 후 그들은 이렇게 회고했다. 당시에도 자기에게 문제를 해결하는 방법이 있었고 의문에 대한 해답이 있었으며 삶에 의미가 있었다는 것을. (p.205)

자살 기도가 미수에 그친 사람들은 자살에 실패했다는 걸 알았을 때 무척 기뻐한다고 합니다. 그것은 자살을 기도하는 사람들도 그렇게 하기를 바라지는 않는다는 뜻이지요. 이러한 사실을 고려할 때 주위에 자살하려는 낌새가 있는 사람들에게 어떻게 대응해야 할까요?

◐ 이야기 정리하기

『빅터 프랭클의 죽음의 수용소에서』는 저자가 아우슈비츠 강제수용소 수용 경험을 바탕으로 쓴 책입니다. 핵심 메시지는 '인간은 어떻게 살아야 할까?' 입니다. 책에서 10개의 에피소드를 뽑아서 소개했습니다. 여러분이 이야기하고 싶은 에피소드가 있다면 펼쳐보세요.

03 『생각의 각도』

◎ 이야기 나눌 책자 개요

책자 및 저자 소개	이민규, 『끌리는 책』(2021.3.), 자기 계발 마인드 컨트롤 저자는 심리학 박사, 임상 심리 전문가, 아주대학교 심리학과 명예교수. 성공적이고 행복한 삶을 위해서는 1%만 바꾸면 된다는 삶의 철학을 널리 퍼트려 독자들에게 '1% 행동 심리학자'로 알려져 있다. 저서 『생각을 바꾸면 세상이 달라진다』, 『1%만 바꿔도 인생이 달라진다』, 『끌리는 사람은 1%가 다르다』, 『지치지 않는 힘』 등을 펴냈다.
핵심 메시지	인생은 각도다. 생각의 각도를 바꾸는 순간 인생의 방향이 달라짐. 생각도 일종의 기술이며, 생각을 1도만 바꾸면 딴 세상이 열린다. 자신에 대한 태도가 달라지면 다른 사람을 대하는 행동이 달라지고 그러다 보면 가정과 직장의 분위기가 달라지고 세상도 조금씩 좋은 쪽으로 변하게 된다.

◯ 이야기 나눔

01 누구의 행복이 가장 중요한가?

내가 나를 사랑하고 내가 행복해야 다른 사람을 진정으로 사랑하고 행복하게 해줄 수 있다. 내 마음의 곳간이 넘쳐야 다른 사람에게도 흘러 들어갈 수 있다. 자녀(가족)를 행복하게 해주려면 부모가(본인이) 먼저 행복해야 한다. 진정한 사랑은 모두 '나'로부터 시작되기 때문이다. (p.19~20)

저자는 "내가 먼저 나를 사랑하고 행복해야 다른 사람을 진정으로 사랑하고 행복하게 해줄 수 있다"라고 합니다. 진정한 사랑은 모두 자신으로부터 시작되기 때문이라는 거지요. 여러분에게는 누구의 행복이 가장 중요한가요?

―――――――――――――――――――――――
―――――――――――――――――――――――

02 평소 사용하는 단어

말에는 마법 같은 힘이 있다. 혼자 하는 말은 머릿속에서 나와 우리 몸의 세포 속으로 스며들어 우리의 몸과 마음을 움직인다. (…) 오늘 우리가 무심코 주고받는 내면의 대화가 우리의 인생을 바꾼다. 내면의 대화를 바꾸려면 어떻게 해야 할까? 우리가 사용하는 단어를 바꾸면 된다. (p.39)

저자는 "우리가 무심코 주고받는 내면의 대화가 우리의 인생을 바꾼다"라고 합니다. 부정적인 말은 불만을 부르고 긍정적인 말은 행복을 가져온다고 합니다. 평소에 어떤 단어를 사용하여 대화하나요?

―――――――――――――――――――――――
―――――――――――――――――――――――

03 거절할 수 있는 용기

내키지 않은 요청을 지혜롭게 거절하는 기술은 도움이 필요할 때

사람들이 기꺼이 돕고 싶도록 도움을 요청하는 기술과 함께 행복한 삶을 살기 위해 익혀야 할 중요한 기술 중의 하나다. 도움이 필요할 때 도움을 요청할 수 있는 용기만큼 중요한 게 있다. 싫을 때 싫다고 거절할 수 있는 용기다. (p.84)

 저자는 "행복한 삶을 살기 위해서는 싫을 때 싫다고 거절할 수 있는 용기가 있어야 한다"라고 합니다. 이는 도움이 필요할 때 사람들이 기꺼이 돕고 싶도록 요청하는 기술처럼 중요하다고 합니다. 여러분은 누군가가 원하지 않는 부탁을 할 때 어떻게 대응하나요?

---

04 스펀지

유리는 빈틈이 없기에 물을 받아들이지 못한다. 하지만 스펀지는 그 안에 공간을 갖고 있기에 물을 빨아들일 수 있다. 누군가 다가오게 하려면 우리 안에 그가 들어올 수 있는 빈틈을 마련해 두어야 한다. (p.140)

 저자는 "누군가가 다가오길 원한다면 우리 안에 그가 들어올 수 있는 빈틈을 마련해둬야 한다"라고 합니다. 스펀지가 그 안에 공간을 가졌기에 물을 빨아들일 수 있다고 비유했지요. 여러분도 다른 사람에게 호감을 주고 신뢰받는 작은 틈이 있다면 이야기해보세요.

---

05 표현을 자주하나?

 상담하다 보면 가슴에서 입까지의 거리는 30cm도 안 되는데 가슴 속에 담아둔 가족에 대한 사랑과 좋은 생각들을 입 안으로 표현하는

데 30년 이상 걸렸다는 사람들을 만난다. 더 안타까운 건 정말 소중한 사람에게 해야 할 진짜 중요한 말을 마지막 순간이 지난 다음에야 과거형으로 한다는 것이다. (p.149)

저자는 "종은 울려야 종이고 사랑은 표현해야 사랑이다"라고 합니다. 울리지 않는 종은 쇳덩어리에 불과하고 표현하지 않은 사랑은 단지 생각에 지나지 않는다는 거지요. 여러분도 가족이나 주변 사람들에게 마음속에 있는 좋은 생각이나 말을 자주 표현하나요?

_____

_____

06 갈등 극복

세대 차이를 극복하고 세대 갈등을 줄이는 가장 좋은 방법은 지나온 길을 되돌아보고 앞으로 지나갈 길을 미리 내다보는 것이다. 어린 사람이 실수하면 내가 지나왔던 길을 돌아보면서 '나도 저랬겠지…'라고 너그럽게 이해해주자. 나이 든 분의 행동이 마음에 안 들면 '나도 저렇게 나이가 들겠구나…' 하면서 측은지심으로 이해하자. (p.175)

저자는 "세대 차이를 극복하고 세대 갈등을 줄이는 가장 좋은 방법은 지나온 길을 되돌아보고 앞으로 지나갈 길을 내다보는 것"이라고 합니다. '역지사지'(易地思之)를 해야 한다는 거겠지요. 여러분이 생각하는 '세대 차이를 극복하고 세대 갈등을 줄이는 방법'에 대해 이야기해보세요.

_____

_____

07 저녁을 함께 먹을 수 있는 시간

언젠가 한국 남성의 평균 기대 수명이 80세라는 통계청의 발표를 보면서 이런 생각이 들었다. 내 나이가 지금 68세이고 평균 기대수명이 80세라고 하니 그때까지 산다고 가정하면 이제 12년밖에 남지 않았다. 그렇다면 앞으로 우리 아이들과 함께 저녁을 먹을 수 있는 날이 몇 번이나 남았을까? (p.220~221)

저자는 "자기 나이와 통계청이 발표한 기대 수명을 보면서 많은 걸 생각했다"라고 합니다. 인간의 유한성을 스스로 깨달으며 온 가족이 모여 저녁을 먹는 시간이 더 소중하고 행복하게 느껴졌다고 합니다. 여러분이 소중한 가족과 함께 저녁을 먹을 수 있는 시간이 얼마나 남았는지 이야기해보세요.

---

08 '덕분에' 그리고 '때문에'

현재의 삶에 만족하지 못하는 사람들은 대부분 지금과는 다른 삶을 갈망한다. 그러면서도 그들 중 대부분은 지금까지와는 다른 방식으로 살려고 시도하지 않는다. 대신 그들은 '~ 때문에'라는 말을 입에 달고 다니면서 세상을 원망하고 다른 사람을 탓한다. '때문에'를 '덕분에'로 바꾸면 운명이 달라진다. (p.244)

저자는 "현재의 삶에 만족하지 못하는 사람들은 대부분 '~ 때문에'라는 말을 입에 달고 산다"라고 합니다. '~ 때문에'가 남을 탓하고 원망하는 부정적인 의미를 담고 있다면 '덕분에'는 상대방의 도움에 감사하는 긍정적인 의미를 담고 있다고 합니다. 여러분은 '때문에'와 '덕분에' 중 어느 말을 더 자주 사용하나요?

[선택1] '때문에'라는 말을 더 자주 사용한다.

[선택2] '덕분에'라는 말을 사용하는 게 익숙하다.

_____

_____

09 세상을 보는 관점

비관적인 사람은 조금만 나쁜 일이 일어나도 운이 안 좋다거나 왜 나한테만 이런 일이 일어나느냐고 하면서 세상을 원망한다. 하지만 낙관적인 사람은 아무리 나쁜 일이 일어나도 그것을 자기에게도 뭔가 좋은 일이 일어날 신호라고 해석한다. (p.232)

저자는 "세상이 항상 자기에게 불리하게 돌아간다는 피해의식은 우울, 불안, 불행을 부른다"라고 합니다. 반면 "세상은 언제나 자기에게 행복과 성공을 안겨주기 위해 돌아간다는 역피해의식은 기쁨, 희망, 행복을 부른다"라고 합니다. 여러분이 세상을 바라보는 관점을 이야기해보세요.

_____

_____

◐ 이야기 정리하기

『생각의 각도』는 '인생은 각도다'라고 주장합니다. 생각의 각도를 바꾸는 순간 인생의 방향이 달라진다고 합니다. 자신에 대한 태도가 달라지면 다른 사람을 대하는 행동이 달라지고 그러다 보면 가정과 직장의 분위기가 달라지고 세상도 조금씩 좋은 쪽으로 변하게 된다고 합니다. 여러분의 주장을 이야기해보세요.

04 『핵개인의 시대』

◎ 이야기 나눌 책자 개요

책자 및 저자 소개	송길영, 『일반경제』, 교보문고(2024.1.15.), 개인들의 행동은 무리와의 상호작용과 환경의 적응으로부터 도출됨을 이해하고 그 함의와 변천에 대해 알리는 작업에 몰두하고 있다.
핵심 메시지	'지능화'와 '고령화' 이 둘이 만들어내는 나선은 시대 변화의 방향을 알려주는 주요한 축 ⇒ 핵개인의 시대 - '쪼개지는' '흩어지는' 그리고 '홀로 서는' 특징을 가진 핵개인은 시작하는 용기로 새로운 규칙을 만든다.

◯ 이야기 나눔

01 'K 문화'의 경계선

최근 인기 있는 K팝 그룹을 보면 외국 국적의 멤버가 한, 두 명씩 꼭 끼어 있습니다. 해당 멤버가 출신 국가로 시장을 넓히려는 포석이 깔려있겠지만, 그런 외국 국적 멤버들에 관한 사람들의 기대가 '아시아'까지만 수용되기를 희망한다는 댓글은 생각해 볼 지점입니다. 일본, 중국 그리고 좀더 나아가 태국계 멤버까지는 수용성이 있지만 백

인 혼혈 멤버는 더 낯설고 거리감을 느낀다는 댓글들이 보입니다. (p.32~33)

저자는 요즘 K팝이 세계적인 인기를 끌면서 멤버도 한국인은 물론이고 아시아인을 넘어 서양 사람까지 확장되었다고 합니다. 여기에 일부 사람들은 낯설고 거리감을 느낀다고 합니다. 여러분이 생각하는 K문화의 경계선은 어디까지인가요?

02 세계 시민이라는 의식

'나의 몸'은 중력과 위, 경도의 경계로 제한된 지표면의 물리적 국가에 있지만 '나의 세계'는 분할하며 세계관 또한 나눠지고 있습니다. 무중력 멀티버스의 시민이 되어가는 자신에게 물리적 국가는 베이스캠프 또는 정거장 정도로 역할이 제한될 수 있습니다. (p.45)

저자는 사람들의 몸은 지구의 특정 지표면에 속한 물리적 국가에 있지만 그들은 그보다 훨씬 공정한 그리고 능력의 제한이 없는 세상에 살고 싶은 꿈이 있다고 합니다. 요즘 언론에는 '기후 위기'란 말이 보입니다. 여러분은 '기후 위기' 문제 해결을 위한 세계 시민으로서 역할을 해야 한다는 의식을 얼마나 가지고 있나요?

03 소수자의 권리

소수자의 존재를 불편하게 여기고 사고와 시야에서 배제된 것이 지금까지 우리의 방식이었습니다. 안 보고 살았던 것입니다. 외국에서 오래 살다 온 사람들이 의아하게 여기는 것도 그 점입니다. 한국에 오니까 장애인이 보이지 않는다고 합니다. 눈에 보이는 장애인의 숫자가 적은 건 이동권이 확보되지 않았기 때문일지도 모릅니다. (p.83~84)

저자는 지금까지 우리는 소수자의 존재를 불편하게 여기고 애써 모른 체 하고 살았다고 합니다. 일전 '전국장애인협회'라는 단체가 장애인의 이동권을 보장하라고 주장하며 지하철역에서 집회를 강행했었지요. 여러분은 소수자의 권리에 대해 어떠한 입장인가요?

_____

_____

04 오픈소스 소사이어티와 콘텐츠

이전까지의 유통 사업은 물류, 결제, 온라인 관리 등의 기반이 있는 거대 조직이 주도했다면, 이제는 누구나 무자본으로 편리하게 자기 가게를 차릴 수 있습니다. 그러니까 우리는 주말 오전 2시간만 시간을 내면 자기 명의의 쇼핑몰을 개업할 수 있는 '오픈소스 소사이어티' 시대를 살고 있는 것입니다. '오픈소스 소사이어티'의 열려 있음과 공유 기능은 시장참여자들에게 크나큰 축복입니다. (p.131~132)

저자는 이전까지의 유통 사업을 거대 조직이 주도했다면 이제는 누구나 무자본으로 자기 가게를 가질 수 있다고 합니다. 적은 시간을 '오픈소스 소사이어티'에 투자하기만 하면 된다고 합니다. 여러분은 '오픈소스 소사이어티'를 활용해서 사람들에게 서비스를 제공할 수 있는 콘텐츠가 있나요?

_____

_____

05 인재는 채용하는 게 아니라 영입하는 것

'인재는 영입하는 것이지 육성하는 게 아니다.' 이런 흐름에 따라 리더의 역할 변화도 분명해집니다. 이제 작업 프로세스에 참여하지 않고 작업 분배와 공정 점검, 결과의 취합만 맡는 전업 관리 모델을 구성원들이 동의하지 않습니다. (p.179)

저자는 이제 인재는 채용해서 육성하는 게 아니라 영입하는 거라고 합니다. 이런 흐름의 변화에 따라 '무임승차자'와 '군림하는 사람'은 더욱 설 자리를 잃게 된다고 합니다. 여러분은 직원이 아니라 구성원이고 그들은 채용하는 게 아니라 영입하는 거라는 시스템을 어떻게 생각합니까?

---

06 가녀장과 가부장

'첫딸은 살림 밑천'이라는 폭력적 표현이 난무하던 시기의 가치관에서 교육받은 딸들은 가족의 안녕을 자기 삶의 우선순위에서 첫 번째로 여기기도 합니다. 소설 『가녀장의 시대』는 이 역학을 부정합니다. 자기의 부모(父母)를 모부(母父)라고 부르고, 딸이 가장이 되고 출판사 사장이 되어 어머니와 아버지를 직원으로 고용해서 함께 생활하는 구도를 만듭니다. (p.214)

저자는 이슬아가 쓴 『가녀장의 시대』는 아버지 중심의 가부장 사회의 역학을 부정한 소설이라고 합니다. 자기의 부모를 모부(母父)라고 부르고 살림에 기여가 더 많은 어머니는 정규직 사원으로 아버지는 비정규직 사원으로 채용했습니다. 이러한 세태의 변화에 대해 여러분은 어떻게 생각하는지 말해보세요.

---

07 타자화

어른도 아이도 꼭 어떤 경지에 올라야만 잘 산 삶일까요? 한 예능 프로그램의 장면이 생각납니다. 진행자가 길거리에서 만난 어린이에게 "어떤 사람이 될 거니? 어른이 되면?"이라고 묻는 장면이 방송되었습니다. 다른 출연자가 "훌륭한 사람이 돼야지"라고 근엄하게 말을 보탰더니 옆에 있던 이효리 씨가 웃으며 말했습니다. "뭘 훌륭한 사람이 돼. 그냥 아무나 돼." (p.260)

저자는 어떤 예능 프로그램에서 진행자가 지나가는 어린이에게 "커서 어떤 사람이 될 거니?"라고 묻는 장면을 봤다고 합니다. 그때 다른 출연자가 "훌륭한 사람이 돼야지"라고 했지만 이효리 씨는 "그냥 아무나 돼"라고 했고 많은 사람이 공감했다고 합니다. 그 대상이 이효리 씨의 가까운 식구라도 그녀는 그렇게 말했을까요?

---

08 나만의 서사

미래학자 다니엘 핑크는 『파는 것이 인간이다』라는 책에서 모든 인간은 '자기 세일즈를 해야 된다'라고 선언했습니다. 그렇다면 무엇을 팔아야 할까요? 가장 경쟁력 있는 상품은 '서사(narrative)'입니다. 각자의 서사는 권위의 증거이자 원료입니다. 성장과 좌절이 진

실하게 누적된 나의 기록은 유일무이한 나만의 서사입니다. 나무의 나이테가 그렇듯이 서사는 급조될 수 없습니다. (p.286)

미래학자 다니엘 핑크는 모든 인간은 '자기를 팔아야 한다'라고 말했습니다. 저자는 사람들의 가장 경쟁력 있는 상품은 성장과 좌절이 진실하게 누적된 '나만의 서사'라고 합니다. 여러분의 대표적인 서사 하나를 간단히 이야기해보세요.

_____

_____

09 요즘 세대의 특징, 위기인가? 기회인가?

5분의 존경은 우리는 서로 5분의 존경을 얻을 수 있다는 의미이기도 하지만 누구라도 서로에게 그 5분은 진심 어린 존경을 해야 한다라는 것입니다. 이처럼 핵개인들은 큰 권위의 역동이 아니라 작은 존경, 작은 예의로 네트워크를 만들면서 움직이면 더 큰 선의의 자발적 네트워크를 만들 수 있을지도 모릅니다. (p.316)

"부장님요? 존경하죠. 한 5분 정도." 저자는 이 말이 5분의 존경만 얻을 수 있다는 부정적 의미가 강하지만, 진심어린 존경이 담긴 자발적이고 수평적인 네트워크를 만들 수 있다고 기대합니다. 나이 든 세대와 젊은 세대가 공존하기 위한 해결 방안을 말해보세요.

_____

_____

10 조직을 넘어서는 개인의 목표

각자의 목표가 지금 내가 속한 조직을 넘어서야만 타인의 평가로부터 해방되고 시험 보는 꿈이 악몽처럼 괴롭혔던 과거와 작별할 수

있을 것입니다. 무엇보다 지금까지의 가치관을 넘어 나만의 지향점으로 새로운 가치를 천명할 수 있다면 우리는 각자 세계의 주인이 되는 핵개인으로 거듭날 기회를 얻게 됩니다. (p.333)

저자는 지금까지 많은 개인이 자신만의 트랙을 설계하고 독립적인 목표를 설정하는 경우가 흔치 않았다고 합니다. 하지만 핵개인 시대에는 각자의 목표가 현재 내가 속한 조직을 넘어서야만 한다고 합니다. 조직을 넘어서는 개인의 목표 설정과 실행은 가능할까요?

◐ 이야기 정리하기

『핵개인의 시대』는 가부장 시대를 거쳐 핵가족 시대 이후 '개인'이 중심인 사회 특성을 반영한 제목입니다. 시대 변화 방향의 두 축인 '지능화'와 '고령화'를 바탕으로 했지요. '쪼개지는' '흩어지는' 그리고 '홀로 서는'이 특징입니다. 여러분이 이 책에서 느낀 가장 중요한 건 무엇인가요?

05 『자존감 수업』

◎ 이야기 나눌 책자 개요

책자 및 저자 소개	윤홍균, 『심플라이프』(2016.9.1.), 교양 심리 저자는 여러 언론 매체에서 활동하고 있으며 블로그를 통해 정신과에 찾아오길 주저하는 사람들과 적극적으로 소통. 주요 관심 분야는 자존심과 중독이다. 저서로 『사랑 수업』이 있다.
핵심 메시지	어떻게 나를 지키고 사랑할 것인가? – 자존감이 답이다 자존감이 낮은 사람의 마음은 '밑 빠진 독'과 같다. 마음이 비어 있기에 외부 자극이나 타인의 반응에 쉽게 흔들리고 늘 공허함을 느낀다 ⇒ 다시 자존감 회복의 길에 들어서 보자.

◯ 이야기 나눔

01 자존감의 의미

정신과 차트에 Self-esteem이라고 표기되는 단어, 사전적으로는 '자신을 어떻게 평가하는가?' '얼마나 자신을 사랑하고 만족하고 있는지에 대한 지표'를 뜻하는 단어, 나는 '자존감'이라는 표현에 주목하게 되었다. 고민을 정리해 보니 내가 행복해진 과정은 곧 자존감을

회복하는 과정이었다. 인생에서 가장 불행했을 때는 자존감이 가장 저하되어 있었을 때였다. (p.10)

저자가 행복해진 과정은 자존감을 회복하는 과정이었으며 불행했을 때는 자존감이 낮아졌을 때라고 합니다. 사전적으로는 '얼마나 자신을 사랑하고 만족하고 있는지에 대한 지표'라는 의미가 있습니다. 여러분이 생각하는 자존감에 대해 말해보세요.

------

02 자존감은 복잡한 시대를 살아가기 위한 강력한 무기

'나는 누구인가?' '지금 가는 길이 맞나?' '내가 제대로 해낼 수 있을까?' 라는 생각과 고민에 빠져 있는 것도 알고 보면 자존감과 연결된 질문이다. 이럴수록 자존감이 강해야 상처를 덜 받고 길을 찾을 수 있다. 바야흐로 셀프로 자존감을 지켜야 하는 시대다. 행복해지기 위한 온갖 방법과 글귀가 난무하지만 진짜 행복은 튼튼한 자존감에서 나온다. 요즘처럼 복잡한 시대를 살아가기 위한 가장 강력한 무기다. (p.27)

저자는 요즘에는 잘 살고 있는 사람들조차 마음 한구석에 '정말 잘 살고 있는 게 맞나?' 라고 생각한다고 합니다. 그런 회의감을 극복하는 가장 좋은 방법이 바로 '자존감'이라는 강력한 무기라고 합니다. 여러분 스스로는 자존감이 큰 존재라고 생각하나요?

------

03 누군가를 사랑하는 건 나를 아는 데서 시작

세상의 모든 사랑은 관심에서 시작된다. 집이 어딘지, 무엇을 했는

지 등 사소한 관심이 번져 존경과 사랑이 싹튼다. 자신을 사랑하는 것도 똑같다. 자신이 어떤 사람인지, 어떻게 살아왔는지 관심을 가져야 한다. 참으로 재미있지 않은가. 누군가를 사랑하는 능력이 결국 내가 누구인지를 알아가는 능력에서 시작된다니 말이다. 나를 아는 만큼 사랑 능력도 커진다. (p.35)

저자는 세상 모든 사랑은 관심에서 비롯되듯 자신을 사랑하는 것도 똑같다고 합니다. 누군가를 사랑하는 능력은 내가 누구인지 알아가는 데서 시작된다는 말입니다. 여러분은 자신을 얼마나 알고 있나요?

_____

_____

04 가장 가까운 친구는 바로 나

누구를 미워하거나 무관심한 건 특별한 일이 아니다. 사람마다 좋아하는 사람과 싫어하는 사람이 있게 마련이니까. 허나 가까운 사람을 미워하는 건 문제다. (…) 하물며 그 싫어하는 대상이 자신이라면 어떻겠는가. 말하고 행동하고 먹고 잠자는 모든 순간 싫은 나와 마주해야 하니 문제는 더욱 심각하다. (p.40)

저자는 누구를 미워하거나 무관심한 건 흔한 일이라고 합니다. 하지만 가까운 사람을 미워하는 건 큰 문제이며 그 대상이 '가장 가까운 친구인 바로 나'라면 아주 심각한 일이라고 합니다. 여러분은 저자의 주장에 얼마나 공감하나요?

05 이별

이별은 고독력(혼자 사는 삶을 버티는 능력)을 키울 훈련 기회다.

지금 아무리 행복해도 언젠가 마음 아픈 이별을 맞게 마련이다. 그때 받을 심리적 타격을 줄이기 위해선 연습이 필요하다. 여기서는 그동안 몸에 밴 나쁜 습관과 헤어지는 연습을 해보자. (p.62)

저자는 사람들은 아무리 행복해도 언젠가는 마음 아픈 이별을 해야 한다고 합니다. 이별 후 혼자가 되면 외로워지게 마련이지만 그만큼 자유로워지기도 한다고 합니다. 여러분에게 이별이란 어떤 의미인지 이야기해보세요.

---

06 부정형 목표와 긍정형 목표

사랑받기를 원하는 게 아니라 사랑 못 받는 걸 원치 않는 경우 어떻게 될까? 사랑받지 못할까 봐 두려워하면 뇌는 사랑받지 못하는 상황을 떠올린다. (…) 그래서 사랑받기 위해 노력한다. 늘 밝은 웃음을 짓고, 남들이 관심을 주고 좋아할 만한 외모와 행동을 취하는 데 익숙해진다. 하지만 어쩔 수 없이 시련은 온다. 아무리 사랑스러운 사람이라도 모두가 그를 사랑할 수는 없기 때문이다. (p.67)

저자는 사랑 못 받는 걸 원치 않는 것처럼 '부정형 목표'를 가진 사람들은 그런 상황에서 벗어나기 위해 남들의 관심에 신경 쓴다고 합니다. 하지만 아무리 사랑스러운 사람이라도 모두가 그(그녀)를 사랑하지는 않는다고 하지요. 여러분은 사랑받기를 원하는 스타일인가요? 아니면 사랑 받는 걸 원치 않는 스타일인가요?

07 인간은 이기적 동물

중요한 것은 남의 행복만을 위해서 하는 행동은 상대에게도 부담

을 주고 결국은 배신감과 서운함을 느낄 수 있다는 점이다. 봉사하더라도 자신을 위한 봉사여야 하고 자녀를 사랑할 때도 '나의 행복'을 추구하는 수준에서 이뤄져야 후회나 뒤끝이 없다. 인간은 원래 이기적이라는 사실을 받아들이길 바란다. 그래야 조건 없이 사랑할 수 있고 진심으로 타인을 위할 수도 있기 때문이다. (p.131)

저자는 남을 먼저 생각하는 삶을 사는 사람은 반대급부가 되돌아오지 않는다면 오히려 배신감과 서운함을 느끼게 되는 경우가 많다고 합니다. 인간은 원래 이기적이라서 그렇다는 거지요. 여러분은 저자의 주장에 동의하나요?

_____

_____

08 세련된 의존과 세련되지 못한 의존

성숙한 사람들이 의존하는 특성은 크게 세 가지가 있다. 첫째, 자기보다 강한 존재에 의존한다. 의존의 방향이 뚜렷하다. (…) 둘째, 누구에게나 공개할 수 있을 정도로 투명하게 의존한다. (…) 남에게 드러내도 떳떳한 정의로운 의존을 한다. 셋째, 의존한 만큼 보답한다. 세련된 의존은 일방적인 착취가 아니다. (p.137)

저자는 성숙한 사람들이 의존하는 특성은 크게 세 가지가 있다고 합니다. '자기보다 강한 존재에 의존' '투명한 의존' '보답하는 의존' 등의 특징이 있다고 합니다. 나이에 따른 의존도는 어떻게 달라지는지 여러분의 의견을 이야기해보세요.

_____

_____

09 인간관계

인간관계가 힘든 사람들에게 가장 강조하고 싶은 건 거리감이다. 모든 사람과 친하게 지내려고 하거나 모든 사람의 인정을 받으려는 욕구는 빨리 포기하는 게 낫다. 나랑 맞는 사람들을 주변에 두고, 안 맞는 사람에게는 집중하지 않도록 노력해야 한다. (p.143)

저자는 인간관계가 힘든 사람들이 거기에서 벗어나는 데 가장 중요한 일은 거리를 두는 거라고 합니다. 나하고 맞지 않는 사람에게는 집중하지 말라는 거지요. 인간관계를 좋게 하는 방법이 무엇인지 생각나는 대로 하나씩 이야기해보세요.

---

10 감정과 이성

감정이 자신의 모든 것이라고 여기는 사람들이 많다. 하지만 감정은 내가 아니라 내가 사용할 에너지일 뿐이다. 인생이라는 길에 자전거를 타고 간다고 비유하면 이해가 쉽다. 어떤 감정을 만나는가에 따라 자전거의 속도가 결정된다. 화가 나거나 불안한 날은 빨리 가고 여기에 냉소를 끼었으면 천천히 간다. 그런데 자건거는 속도만으로 움직이지 않는다. 핸들을 어느 쪽으로 꺾을지가 더 중요하다. 이 판단은 이성이 한다. (…) 감정은 중요하나 절대적 요소는 아니다. (p.186)

저자는 사람들은 감정이 자신의 전부라고 생각하는 경우가 많지만 그건 단지 내가 사용할 에너지에 불과할 뿐이라고 합니다. 감정은 절대적 요소가 아니며 뭔가를 판단하는 이성이 더 중요하다고 합니다.

여러분 스스로는 이성과 감정 중 어느 쪽 경향이 더 많은지 이야기해 보세요.

_____

_____

◆ 이야기 정리하기

『자존감 수업』은 '어떻게 나를 지키고 사랑할 것인가?'라고 묻고, 그 답은 '자존감'이라고 합니다. 자존감이 낮은 사람의 마음은 '밑 빠진 독'과 같다고 했지요. 여기서는 책에서 10개의 에피소드를 골라서 실었습니다. 각각에 대해 여러분의 의견을 말해보세요.

06 『인플레이션에서 살아남기』

◎ 이야기 나눌 책자 개요

책자 및 저자 소개	오건영, p.age2, (2022.5.23.), 자산관리 저자는 투자 솔루션 관련 업무를 맡고 있다. 연준 해설가, 금리전문가 등으로 불리며 200만 구독자의 굳건한 사랑을 받고 있다. 2021년, 2020년에 출간한 책 『부의 시나리오』, 『부의 대이동』은 수십만 독자에게 사랑받는 베스트셀러가 되었다.
핵심 메시지	"살아 남아야 역경 뒤에 찾아오는 과실을 누릴 수 있다" – 미국 중앙은행도 예측할 수 없었던 초고속·초대형 인플레이션 역사 속에서 찾은 '금리 상승기' 최적화 투자법 – 촘촘하게 투자 전략을 세워놓아야 어려운 시장에서도 살아남아 새로운 기회를 포착할 수 있을 것이다. 진정한 돈의 가치를 깨닫는 동시에 인플레이션의 심각성이 눈앞에 성큼 다가올 것이다.

○ 이야기 나눔

01 매크로 분석

'매크로 경제가 주식 투자에 도움이 될까?' 주식 투자에서 가장 중요한 건 기업에 대한 분석입니다. 제가 주식 전문가는 아니나 주식

투자의 프로들과 대화를 나누고 주식시장의 전반적인 흐름을 살피다 보면 기업 실적을 분석하는 것이 핵심이라는 걸 결코 부인할 수 없습니다. 그렇지만 '기업 실적이 주식 투자에 가장 중요한 요소'인 것과 '매크로 분석이 주식 투자에 전혀 도움을 주지 않는다'라는 건 전혀 다른 이야기라고 생각합니다. (p.26)

저자 역시 "주식 투자에 있어서 기업 실적을 분석하는 게 핵심이다"라고 합니다. 하지만 '한국-이란 축구 해외 경기'와 '깨진 어항 속의 물고기' 등을 비유하며 매크로 분석의 중요성을 강조합니다. 여러분은 주식 투자할 때 '매크로 분석'에 얼마나 신경을 쓰나요?

_____

_____

02 부채 디플레이션

2013년 아베 신조가 일본의 총리가 되면서 '아베노믹스'를 시행했습니다. 이 정책은 '세 개의 화살(무제한 돈 풀기, 정부의 강력한 재정 지출, 경제구조 개혁)'이라는 별칭으로도 불립니다. 세 개의 화살까지 동원해서 화폐의 공급을 늘렸음에도 왜 고전했을까요. 문제는 바로 부채 디플레이션입니다. (p.91~92)

일본의 아베 총리는 2013년 '세 개의 화살'이라는 정책을 펼치면서 화폐 공급을 무제한 늘렸습니다. 하지만 일본 경제는 살아나지 않았으며 저자는 그 이유를 '부채 디플레이션'에서 찾았습니다. 저자가 말하는 '부채 디플레이션'이 무엇이며 우리가 흔히 말하는 '디플레이션'과는 어떤 점이 다를까요?

03 인플레이션이 원인

'갑자기 왜 이렇게 물가가 오를까?'에 대한 답은 '너무나 강한 경기부양책'과 '물가의 파수꾼이라고 할 수 있는 연준의 안이함', 이 두 가지였습니다. 이 외에 물가가 강하게 오르는 핵심적 이유는 차차 알아보기로 하죠. (p.129)

저자는 "미국의 물가가 급등한 원인으로 여러 가지를 들 수 있겠지만 정책적인 측면에서는 두 가지 이유 때문이다"라고 합니다. 바로 '너무나 강한 경기부양책'과 '물가의 파수꾼인 연준의 안이함'이라는 거지요. 여러분은 우리나라가 겪고 있는 인플레이션 현상에도 저자의 의견을 적용할 수 있다고 생각하나요?

---

04 중앙은행의 행보

글로벌 금융위기 이후 경제 성장세가 워낙에 연약했기에 글로벌 금융시장이 크게 흔들리게 된다면 당연히 실물경기의 침체 가능성은 역시 높아지겠죠. (…) 자산시장이 흔들릴 때는 언제든지 적극적인 양적완화 등의 유동성 공급정책으로 대응에 나섰죠. (…) 코로나19 사태로 전 세계 자산시장이 급락세를 보이자 연준은 무제한 양적완화를 통해 자산 가격을 끌어올렸습니다. (p.182~183)

저자는 "미국 연준은 그동안 금융시장의 부진으로 실물경제 성장이 위축되는 걸 좌시하지 않고 유동성을 퍼부었다"라고 합니다. 이런 흐름은 코로나19 사태 이후 더욱 강해져, 무제한 양적완화를 통해 자산 가격을 끌어올렸다고 합니다. 여러분은 연준이나 우리나라 중앙은행의 행보에 얼마나 많은 주의를 기울이고 있나요?

___

05 미국 대형 성장주와 한국 대형 성장주의 차이점

물가가 낮은 수준을 유지합니다. 저물가는 저성장에 기인한 바 크겠죠. 디플레이션으로 인한 경기 침체에 빠지지 않기 위해 중앙은행이 금리를 낮추게 될 겁니다. 그러면 시중 유동성이 늘어난 만큼 차별적 성장을 하는 미국 대형 성장주로 돈이 몰리게 되겠죠. 반대로 물가가 높은 수준을 보이면? 거대 플랫폼 등으로 독점적 지위를 확보한 만큼 인플레이션으로 인한 비용 상승을 소비자에게 전가할 수 있는 능력을 갖고 있을 겁니다. (p.317)

저자는 "미국 대형 성장주는 금리 하락이나 상승 등 그 어느 상황에서도 강한 흐름을 이어갈 수 있는 자산이다"라고 합니다. 디플레이션이나 인플레이션 모두 차별적 성장을 할 수 있는 지위와 능력이 있다고 합니다. 미국 대형 성장주와 비교하여 우리나라 대형 성장주는 어떤 점이 차이가 있는지 이야기해보세요.

___

06 투자 포트폴리오

인플레이션 국면의 가능성을 열어두고 원자재에 분산 투자하는 건 필수라고 생각합니다. 그리고 글로벌 전체에서 가장 차별적인 성장성을 갖춘 미국 대형 성장주 역시 아주 매력적인 투자 대상이라고 생

각합니다. (p.330)

저자는 "인플레이션 국면에서 살아남고자 한다면 '몰빵투자'를 하는 대신, 두 가지 분야에 투자하라"라고 합니다. 인플레이션이 지속될 가능성에 대비해서는 '원자재', 인플레이션 이후의 높은 수익률을 위해서는 차별적 성장성을 갖춘 '미국 대형 성장주' 등이 매력적인 투자 대상이라고 합니다. 여러분은 현재 어떤 '투자 포트폴리오'를 계획하고 있나요?

―――――――――――――――――――――――――
―――――――――――――――――――――――――

07 '달러'는 투자 자산인가

코로나19 위기 당시 한국의 주식 및 채권이 모두 하락했던 케이스가 있죠. 이런 상황에서는 원유나 금에 투자해도 답이 나오지 않습니다. (…) 전 세계 자산군이 무너지는 상황이었기에 주식, 채권, 원유, 금, 리츠, 원자재 모두 다 무너지고 있었죠. (p.348)

저자는 "2000년 이후에 모든 자산이 무너져 내린 것은 2008년 금융위기와 코로나19 사태 당시 두 번이다"라고 합니다. 그때마다 초강세를 보인 자산이 있었는데 바로 '달러'라고 합니다. 여러분은 '달러'를 투자 자산으로 인식하여 활용하고 있나요?

―――――――――――――――――――――――――
―――――――――――――――――――――――――

08 분산투자

자산, 지역 및 종목, 통화 분산을 통해 만들어낸 투자 포트폴리오 역시 어느 시점에 진행되었는지에 따라 상당한 성과 차이가 나타날 수 있

죠. 당연히 투자의 타이밍을 찾고 싶겠죠. 아쉽게도 이건 신의 영역입니다. 최저점에서 투자해서 최고점에서 나오고 싶은 마음은 누구에게나 있겠죠. 그걸 모르기에 시점을 조금씩 나누어서 투자하는 겁니다. (p.356)

저자는 "분산투자 효과를 극대화하기 위해 '자산', '지역, 섹터 및 종목', '통화', '시점' 등 4가지 분산투자"를 제안합니다. 특히 누구나 완벽한 투자타이밍을 알 수 없기에 '적립식 투자' 또는 '분할 매수'를 하라는 시점 분산의 중요성을 강조합니다. 여러분의 분산투자 방법이나 습관에 관해 말해보세요.

---

09 투자 여건

저자는 "성장과 물가로 구분하는 4가지 경제 상황별로 환경에 유리한 자산과 불리한 자산을 분류"했습니다. 여기에 인플레이션 이야기를 더하면 2가지 측면(2개 환경→4개 환경 모두 고려, 연준이 부양책을 쓰기가 쉽지 않음)에서 투자가 확실히 어려워진다고 합니다. 이에 대한 여러분의 의견을 말해보세요.

◐ 이야기 정리하기

『인플레이션에서 살아남기』는 거시경제 또는 투자 관련 책입니다. 따라서 이에 관심이 있는 사람은 그렇지 않지만 따분하다고 여기는 사람도 적지 않습니다. 그럼에도 여기에 실은 건 독서 모임을 목적으로 한다면 안성맞춤이라고 여겼기 때문입니다. 여러분은 어떤 생각인가요?

07 『지속 불가능 자본주의』

◎ 이야기 나눌 책자 개요

책자 정보 및 저자 소개	사이토 고헤이, 다서재(2023.7.27.), 환경 문제 저자는 1987년생으로 독일 베를린 훔볼트대학교 철학과에서 박사 학위 취득, 전공은 경제·사회사상, 마르크스 엥겔스 전집(MEGA) 편집위원
핵심 메시지	지속 가능한 성장이란 없다 - 텀블러에 음료를 마시면, 에코백을 들면 친환경 정책에 투표하면 기후 위기를 막을 수 있을 거라 믿는가? 미안하지만 그런 노력만으로는 아무것도 바뀌지 않는다. 자본주의를 버리기 전에는.

➲ 이야기 나눔

01 경제 성장과 지구 환경

근대화에 의한 경제 성장은 분명 풍요로운 생활을 약속했다. 하지만 '인신세'의 환경 위기로 인해 점점 명확해지는 사실은 얄궂게도 경제 성장이야말로 인류의 번영을 기반부터 무너뜨리는 주범이라는 것이다. 기후 변화가 급격히 진행되어도 초부유층은 지금까지처럼 방만한 생활을 계속할 수 있을 것이다. (…) '남에게 맡기면' 결국 초

부유층의 배만 불리게 될 것이다. 더 좋은 미래를 선택하기 위해서는 시민 개개인이 당사자로 일어나 목소리를 높여 행동해야 한다. (p.8)

근대화에 의한 경제 성장은 풍요로운 삶을 가져왔지만 '인신세(Antrocene)'의 환경 위기로 인해 인류 번영의 기반을 무너뜨린 주범입니다. '인신세'란 인간이 활동한 흔적이 지구의 표면을 뒤덮은 시대이며 이제는 그 문제의 해결을 위해 우리가 나서야 한다고 주장합니다. 여러분의 저자의 주장에 얼마나 공감하나요?

_____

_____

02 기후 위기

기후 위기는 2050년 전후에 서서히 일어나는 일이 아니다. 위기는 이미 시작되었다. 예전 같으면 '100년에 한 번 꼴'이라고 이상 기온 현상이 매년 세계 각지에서 일어나고 있다. 비가역적인 변화가 급격하게 일어나 더 이상 이전 상태로 돌아갈 수 없는 지점이 이미 코앞까지 닥쳐왔다. 2020년 6월에는 시베리아 기온이 38도까지 올랐다. (p.18)

기후 위기는 먼 미래의 이야기가 아니라 이미 시작되었습니다. 예전 같으면 100년에 한 번 꼴'이라는 이상 기온 현상이 매년 세계 각지에서 일어나고 있습니다. 여러분은 기후 위기에 대해 얼마나 심각하게 생각하고 있나요?

_____

_____

03 제국적 생활양식

제국적 생활양식이란 간단히 말해 글로벌 노스의 대량 생산·대량 소비 사회를 가리킨다. 제국적 생활양식은 선진국에서 살아가는 우리에게 풍요로운 생활을 실현해주기 때문에, 보통 바람직하고 매력적인 것으로 여겨진다. 하지만 그 이면에는 글로벌 사우스의 사회집단과 지역에서 벌어지는 수탈, 나아가 우리가 누리는 풍요로운 생활의 대가를 글로벌 사우스에 떠넘기는 구조가 존재한다. (p.27)

저자는 선진국의 대량 생산·대량 소비 사회는 글로벌 사우스의 사회집단과 지역에서의 희생이 바탕이라고 합니다. 우리가 당연하게 여기는 제국적 생활양식은 글로벌 사우스에 대한 수탈과 대가의 전가 없이는 유지되기 힘들다고 주장합니다. 여러분은 저자의 주장에 얼마나 동의하십니까?

---

04 그레타 툰베리가 주장하는 자본주의의 문제점은?

여기까지 악화된 이상 지금의 시스템으로는 해결책이 나올 수 없으니 "시스템 자체를 바꿔야 한다"라고 그레타 툰베리는 COP.24에서 한 연설을 마무리했다. 전 세계의 젊은이들은 그레타 툰베리를 열광적으로 지지했다. 아이들의 주장에 부응하려면 우리 어른들은 우선 현재 시스템의 본질을 꿰뚫어 보고 다음 시스템을 준비해야 한다. 당연하지만, 그레타 툰베리가 대책 없는 시스템이라고 한 건 자본주의를 가리킨다. (P.40)

그레타 툰베리는 지구 기후 위기가 너무 심각해져서 지금의 시스템으로는 해결책이 나올 수 없다고 주장했습니다. 세계의 젊은이들은 열광적으로 그녀를 지지했습니다. 그녀가 대책 없는 시스템이라고 말한 자본주의의 문제점은 무엇일까요?

_____

_____

05 자본주의의 전가와 외부성

자본주의는 현재 있는 주주와 경영진의 의견은 반영하지만 아직 존재하지 않는 미래 세대의 의견은 무시한다. 그럼으로써 부하를 미래로 전가하여 외부성을 만들어낸다. 현재가 번영하기 위해 미래를 희생시키는 것이다. 자본가가 부하를 전가하는 대가로 미래 세대는 자신들이 배출하지 않은 이산화탄소 때문에 고통을 겪게 될 것이다. (p.47)

저자는 자본주의가 부하를 미래로 전가하여 외부성을 만들어낸다고 합니다. 그로 인해 미래 세대는 자신들이 배출하지 않은 이산화탄소로 인해 고통을 겪게 되는 결과가 초래된다고 합니다. 자본주의의 전가와 외부성이 무엇일지 여러분의 의견을 말해보세요.

_____

_____

06 Z세대는 세계 시민인가?

무엇보다 젊은 세대는 신자유주의가 규제 완화와 민영화를 추진한 결과 격차 문제와 환경 파괴가 한층 심각해지는 걸 체험하며 성장했다. 이대로 자본주의가 계속된들 밝은 미래가 오지 않으며 어른들이 벌인 일을 뒤처리하게 될 뿐이라는 예상에 젊은 세대는 절망하고 분

노한다. 그래서 Z세대가 스스로 세계 시민이라는 자각을 품고 당장 사회를 바꾸려 하는 것이다. 그레타 툰베리는 그런 Z세대를 상징하는 인물 중에 하나라 할 수 있다. (p.124)

저자는 젊은 세대는 이대로 자본주의가 계속된들 밝은 미래가 없으며 어른들이 벌인 일을 뒤처리할 뿐이라는 걸 알고 분노한다고 합니다. Z세대는 스스로 세계 시민이라고 자각하고 사회를 바꾸려고 하는데 그레타 툰베리가 대표적인 인물이라고 합니다. 여러분이 알고 있는 Z세대의 특징을 말해보세요.

---

07 자본주의 이후

국민국가의 프레임만으로는 오늘날의 전 세계적 환경 위기에 대응할 수 없다. 복지국가의 특징은 국가에 의한 수직적 관리인데, 이 역시 수평적인 '커먼'과 어울리지 않는다. 단순하게 사람들의 생활을 더욱 풍요롭게 만들 방법이 아니라 지구를 자본의 상품화로부터 되찾아 지속 가능한 '커먼'으로 삼을 수 있는 새로운 길을 모색해야 한다. (p.149)

저자는 지금까지와 같은 개별 국가라는 프레임만으로는 세계적 환경 위기에 대응할 수 없다고 합니다. 단순하게 사람들의 생활을 더욱 풍요롭게 한다는 관점이 아니라 지구를 자본의 상품화로부터 되찾아 지속 가능한 길을 찾아야 한다는 거지요. 여러분도 자본주의 이후를 고민해본 적이 있나요?

---

08 제비뽑기로 구성하는 시민의회

시민의회의 가장 큰 특징은 그 선출 방법에 있다. 선거가 아니라 제비뽑기로 의회 구성원을 뽑은 것이다. 이것이 선거로 구성되는 국회와 시민의회의 결정적인 차이점이다. 물론 제비뽑기라고 해서 완전히 무작위는 아니었고 연령, 성별, 학력, 거주지 등의 비율이 실제 국민의 구성과 비슷하도록 조정했다. (p.217~218)

저자는 우리가 알고 있는 국회와 달리 선거가 아니라 제비뽑기로 의회 구성원을 뽑는다고 합니다. 시민의회 구성원들은 전문가들이 도움을 받고 그들끼리 토론하고 최종적으로 시민의회 내에서 투표로 의사결정을 하는 구조입니다. 우리나라는 4년에 한 번 국회의원을 뽑는 선거가 있는데 제도 개선 필요성 여부에 대해 말해보세요.

---

09 기후 변화 문제를 통한 횡적 연대

기후 변화 문제를 매개로 수많은 운동이 연대하면 경제, 문화, 사회를 아우르는 더욱 커다란 시스템 변혁을 추구할 수 있다. 이런 연대의 목표는 바로 자본주의가 만들어낸 인공적 희소성을 '커먼'의 근본적 풍요로 바꾸는 것이다. (p.330~331)

저자는 기후 변화 문제는 수많은 운동 세력이 연대하여 시스템 자체의 변혁을 추구할 수 있는 잠재력이 크다고 합니다. 자본주의가 만들어낸 인공적 희소성을 '근본적 풍요'로 바꾸는 게 핵심적이고 공통적인 목표입니다. 이러한 운동이 성공하는 조건은 무엇일까요?

10 골리앗과 다윗의 싸움

자본주의가 일으킨 문제를 근본 원인인 자본주의를 그대로 둔 채 해결할 수 있을 리 없다. 해결로 향하는 길을 개척하려면 기후 변화의 원인인 자본주의를 철저하게 비판해야 한다. (…) 자본주의와 그것을 좌지우지하는 1퍼센트의 초부유층에 맞서자는 것이니 에코백과 텀블러를 쓰는 정도로는 부족하다. 지난한 '싸움'이 될 건 자명하다. 잘 풀릴지도 모르는 계획을 믿고 99%의 사람이 움직이는 건 도저히 불가능하다고 뒷걸음질 치는 사람도 있을 것 같다. (p.356~357)

저자는 기후 변화 문제는 자본주의가 근본 원인이니 그걸 해결해야 한다고 합니다. 하지만 그것을 좌지우지하는 1%의 초부유층과 싸우는 게 애초부터 승산이 없는 싸움이 될 수도 있지만 3.5%만 묶으면 해볼 만하다고 합니다. 3.5%가 무슨 의미일지 이야기해보세요.

_____

_____

◐ 이야기 정리하기

『지속 불가능 자본주의』의 저자는 독일에서 철학박사 학위를 취득한 일본 사람입니다. 마르크스 엥겔스 전집(MEGA) 편집위원으로도 활동했습니다. 그는 '에코백을 들면 친환경 정책에 투표하면 기후 위기를 막을 수 있을 거라 믿는가? 미안하지만 그런 노력만으로는 아무것도 바뀌지 않는다. 자본주의를 버리기 전에는' 이란 과격한(?) 주장을 했습니다. 여러분은 '지속 가능한 성장이란 없다' 라는 그의 주장에 동의하나요?

08 『뼛속까지 내려가서 써라』

◎ 이야기 나눌 책자 개요

책자 정보 및 저자 소개	나탈리 골드버그, 한문화(2021.3.2.), 독서 · 글쓰기 저자는 37년간 글쓰기와 문학을 가르쳐온 세계적인 글쓰기 강사. 1986년 자신만의 독특한 글쓰기 철학을 담은 『뼛속까지 내려가서 써라』를 출간하면서 미국인들의 글쓰기에 혁명적인 변화를 일으킴. 그녀가 말하는 창의력의 비밀은 글을 첨가하는 것이 아닌 '덜어내기의 법칙'이다.
핵심 메시지	혁명적인 글쓰기 방법론 '자신의 느낌을 믿어라!' '자신이 경험한 인생을 신뢰해라!' '뼛속까지 내려가서 내면의 본질적인 외침을 적어라!' 내면의 목소리를 믿는 법을 체득하고 쓴 글에는 상대방의 마음을 움직이는 에너지가 실리기 때문이다.

◯ 이야기 나눔

01 글을 쓰고 싶은 생각

글쓰기는 매번 지도 없이 떠나는 새로운 여행이다. 솔직히 나는 새로운 글을 쓸 때마다 전에 어떻게 글을 완성했는지 의아해질 때가 한두 번이 아니다. 세상에서 가장 볼품없는 쓰레기 같은 글을 쓸 수도 있다고 생각하라. 자신에게 글쓰기를 탐험할 수 있는 많은 공간을 허

용해 주라는 말이다. (p.20~22)

많은 사람이 글쓰기를 시도하지만 그게 그렇게 쉽지 않지요. 유명 작가인 저자도 새로운 글을 쓸 때 세상에서 가장 볼품없는 쓰레기 같은 글을 쓸 수도 있다고 말합니다. 여러분도 글쓰기를 해보고 싶은 생각이 있나요?

_____

_____

02 경험이나 장점

우리는 심지어 자기가 쓰는 글조차도 마음대로 하지 못하는 나약한 존재다. 하지만 계속해서 비료가 될만한 자료를 수집하고 발효시키고 비옥하게 만들어야 한다. 헤아릴 수 없을 정도로 많은 비료를 마련해 놓으면 자기 내면의 더욱 깊숙한 데로 들어갈 수 있게 된다. 또한 어느 순간에 별 또는 당신 머리 위에 걸려있는 거실의 샹들리에와 갑자기 연결되는 것이다. (p.38~39)

경험이라는 비옥한 토양은 글쓰기와 이야기를 꽃피워 주는 중요한 자원입니다. 다만 그것은 유기적으로 이어진 인생의 모든 세부 항목을 계속 뒤집고 또 뒤집어서 쓸데없는 찌꺼기를 걸러내야만 만들어 낼 수 있지요. 여러분의 장점이나 경험을 찾아서 이야기해보세요.

_____

_____

03 글이 마음대로 써지지 않을 때 사용하는 방법

선가(禪家)에는 다음과 같은 말이 있다. "말할 때는 오로지 말속으로 들어가라, 걸을 때는 걷는 그 자체가 되어라, 죽을 때는 죽음이 되

어라." 그러므로 글을 쓸 때는 쓰기만 해라. 열등감과 자책감으로 중무장한 채 자신을 학대하는 싸움은 하지 마라. 글을 쓸 수 있는 시간만 있다면 어떤 글이든지 쓰겠다는 자세가 중요하다. (p.56~58)

선가(禪家)에는 "할 일이 있으면 그것에만 몰입해서 하라"라는 말이 있습니다. 글을 쓰는 시간이 정해져 있으면 어떤 글이든 쓰는 게 중요하다고 합니다. 글을 쓰려고 하지만 마음대로 되지 않을 때 사용하는 여러분만의 방법이 있나요?

---

04 작가와 작품은 동일시해야 할까?

나와 내가 쓴 작품은 별개라는 사실을 꼭 기억하라. 물론 사람들은 저마다 자기가 원하는 대로 반응할 것이다. 하지만 다른 사람들은 상관없다. 우리가 힘을 얻는 곳은 언제나 글쓰는 행위 자체에 있기 때문이다. 글쓰기로 다시, 또다시 돌아가라. 당신이 쓴 글이 너무 좋다고 경탄하는 소리에 넘어가거나 사로잡혀서는 안 된다. 그야말로 바보짓이다. (p.70~71)

대부분 사람은 "자신이 쓴 글이 견고하며 영구불변한 구조물이다"라고 생각합니다. 하지만 저자는 "그건 진실이 아니며 우리가 쓰는 글은 순간이 만들어낸 작품에 불과하다"라고 주장합니다. 과연 작가와 작품은 별개일까요? 아닐까요?

05 한계와 경계 허물어뜨리기

'은유를 위한 은유'를 하지 말라. 무언가를 은유하기 위해 당신의 마음을 인위적으로 '만들어내는' 일을 하지 말라는 것이다. 그저 평소의 사고방식에서 한발 물러서서 머릿속을 지나가는 생각들을 계속 기록해 보라. 이런 연습은 사고를 부드럽게 해줄 뿐만 아니라 창조력을 키워 준다. 그런 식으로 자기의 생각이 이끄는 대로 따라가다 보면 어느 순간 엄청나게 도약한다. 마음이란 순식간에 위대한 도약을 할 수 있는 능력이 있다. (p.75)

저자는 글을 쓰기 위해서는 평소의 사고방식에서 한발 벗어나 그저 머릿속을 지나가는 생각들을 정리해 보라고 합니다. 사고에 있어 한계를 두지 말고 경계를 모두 허물어뜨리라는 거지요. 이에 대해 여러분의 의견을 말해보세요.

_____
_____

06 묘사와 상상력

인생이란 너무 다양해서 만약 당신이 사물의 과거와 현재의 진정한 모습을 세세하게 써 내려갈 수 있다면 당신에게 더 필요한 것은 없다.

당신은 상상력의 힘을 빌려 이것을 얼마든지 바꿀 수 있다. 변경된 상황에다 당신이 실제로 알고 있거나 보았던 것을 세밀하게 묘사해서 이식한다면 그 글에 뛰어난 생동감이 생기며 개연성과 진실성이 배어나게 된다. (p.86~87)

저자는 "글을 쓸 때 사물의 과거와 현재의 진정한 모습을 세세하게 묘사할 수 있다면 더 필요한 건 없다"라고 말합니다. 거기에 '상상력의 힘'이 있다면 '금상첨화'라고 했지요. 여러분의 글쓰기 실력은 어느 정도인가요?

---

07 틀에 박힌 문장 구조와 사고

세상을 새롭게 바라보고 소통하는 법을 많이 알게 될수록, 글을 쓸 때 상황에 따라가는 구문론이라는 틀을 완전히 무시할 수도 있다는 것을 배우게 된다. 때로는 이처럼 문장 구조를 깨고 씀으로써 우리가 말하고자 하는 진실에 한 발자국 더 가까이 다가갈 수 있다. (p.121)

우리의 사고방식은 문장 구조에 맞추어져 있고 사물을 보는 관점도 그 안에 제한되어 있습니다. 저자는 '주어–목적어–서술어'라는 틀에 박힌 문장 구조에서 벗어나 사유하라라고 주장합니다. 여러분이 글을 쓴다면 저자의 주장을 쉽게 적용할 수 있을까요?

---

08 글을 쓸 용기

만물은 아무런 이유 없이 생겨나고 또 사라져간다. 이거야말로 더 바랄 것 없이 기가 막힌 기회다. 당신은 언제라도 다시 새롭게 글쓰기를 시작할 수 있다. 이전의 실패를 모두 놓아버리고 다시 자리에 앉아 무언가 위대한 글을 쓰라. 아니면 실패한 후에 느끼는 가슴을 짓누르는 고통에 관해서라도 쓰라. (p.187)

저자는 "무언가 새로운 걸 쓰고 싶다면 자신을 억누르고 있는 것에서부터 빠져나와야 한다"라고 말합니다. 만물이 아무런 이유 없이 생겨나고 사라져가는 건 대단한 기회라고도 했지요. 뭐든지 글감을 찾아내 글을 쓸 용기가 있나요?

---

09 글을 쓰는 이유

"나는 왜 글을 쓰는가?" 또는 "나는 왜 글을 쓰고 싶어 하는가?"라고 묻되 깊이 생각하지는 말라. 그 대답은 펜을 잡고 종이 위에 분명하게 단정적으로 진술하라. 모든 진술이 백 퍼센트 진실일 필요는 없으며, 하나의 문장이 나머지 문장들과 모순되어도 상관없다. 아니 거짓말을 꾸며서라도 계속 끌고 가보라. 설령 왜 글을 쓰려진 것인지 모른다 해도 글을 쓰는 이유를 아는 것처럼 대답해 보라 (p.191~192)

저자는 설령 왜 글을 쓰려고 하는지 이유를 정확히 모르더라도 아는 것처럼 종이 위에다 써보라고 합니다. 사람마다 글을 쓰는 이유가 달라 백인백색의 이야기가 있겠지요. 그렇다면 여러분은 왜 글을 쓰려고 합니까?

---

10 원고 수정

원고 수정 작업은 '새롭게 다시 상상하는 것'이다. 당신이 쓴 글에 모호한 부분이 있다면 먼저 전체 그림을 다시 본 다음 그것과 조화를 이루도록 세부 묘사를 첨가하면 된다. 원래 작품에서 두 번째, 세 번째, 네 번째 이야기를 다시 써보자. (p.271)

저자는 "원고 수정 작업은 원래 글을 고치는 게 아니라 그 글을 바탕으로 새롭게 다시 상상하는 것이라고 말합니다. 보통 사람들로서는 생각도 하지 못할 접근 방식인데요. 여러분은 원래 글을 읽어보고 마음에 들지 않으면 어떻게 수정하나요?

_____

_____

◯ 이야기 정리하기

『뼛속까지 내려가서 써라』는 글을 좀 더 잘 쓰기를 희망하는 사람들을 위한 책입니다. '자신의 느낌을 믿고' '자신이 경험한 인생을 신뢰하고' '뼛속까지 내려가서 내면의 본질적인 외침을 적어라!' 라고 조언합니다. 그렇게 해야 독자의 마음을 움직이는 에너지가 실리기 때문이라는 거지요. 여러분도 글쓰기를 잘하고 싶은가요?

09 『질문의 힘』

◎ 이야기 나눌 책자 개요

책자 정보 및 저자 소개	제임스 파일, 비즈니스북스(2014.7.5.), 자기 계발 대화 화술 저자는 최고 정보 컨설턴트로 상대로부터 원하는 걸 얻어내기 위해 어떤 질문 전략을 펼쳐야 하는지 가장 잘 알고 있는 인물이다.
핵심 메시지	많은 사람에게 질문의 기술을 알리고자 현재는 개인과 기업을 상대로 몸짓언어, 의사소통, 관계 구축, 자신감 강화 등의 기술을 가르친다. - 원하는 걸 끌어내는 탁월한 한 마디 '제대로 질문하는 법'을 배운다면 그 어떤 상황에서도 주도권을 장악하고 상대를 움직여 원하는 바를 얻어 낼 수 있다. 처음 만난 상대의 마음을 열고 거짓말쟁이의 속임수를 파악하고 예측하지 못한 상황에서도 신속한 대응이 가능해진다.

◯ 이야기 나눔

01 단순한 질문과 정확한 답변

질문의 역설은 단순한 질문으로는 자세하고 정확한 답변을 얻어내지만 복잡한 질문으로는 말하기를 원치 않는 사람으로부터 단 한

마디 답변과 말하고 싶어 하는 사람으로부터 무제한의 답변을 얻을 수 있다는 사실이다. (p.24)

저자는 "질문을 단순하게 할수록 정확한 답변을 얻어 낼 수 있다"라고 합니다. 복잡하게 질문하면 대답하는 사람 마음대로 답변하게 만드는 원인을 제공하는 것이라고 합니다. 여러분은 어떤 방식으로 질문하는 걸 좋아하나요?

[선택1] 질문 요지만 정리하여 최대한 간단하게 질문한다.
[선택2] 미주알 고주알 다 챙겨서 물어봐야 안심이 된다.

---

02 질문의 의미

질문을 꼬치꼬치 캐묻고 주제넘게 참견하며 남을 불편하게 하는 행동으로 여겨 질문하기를 주저하는 사람들이 있다. 사실 그와는 정반대다. 질문은 내가 누군가에게 관심이 있음을 보여주는 방법이며, 상대의 옆구리를 찔러대며 귀찮게 하는 행동이 아니라 상대를 향해 열린 마음으로 악수를 건네는 것에 더 가깝다. (p.39)

저자는 "질문은 내가 누군가에게 관심이 있음을 보여주는 방법이며 열린 마음으로 악수를 청하는 것"이라 말합니다. 반면 일반 사람들은 질문은 마음을 불편하게 하는 행동이라고 여기는 경우가 많지요. 여러분은 어떻게 생각하나요?

---

03 좋은 질문

좋은 질문법은 무엇을 질문하는가가 아니라 어떤 방식으로 적절하게 질문하는가를 아는 것이다. (p.28)

제대로 된 질문을 하면 원하는 것보다 훨씬 많은 답변을 들을 수 있습니다. 저자는 "좋은 질문이란 '무엇'이 아니라 어떻게를 적절하게 활용하는 질문"이라고 합니다. 여러분이 생각하는 좋은 질문에 대해 말해보세요.

_____

_____

04 대화법

좋은 질문을 던진다면 스스로 특별히 제공할 만한 게 없다고 생각하는 정보원으로부터도 나에게 필요한 정보를 끌어낼 수 있다. (p.42)

플라톤의 대화편 〈메노〉에는 '소크라테스의 문답법'이 나옵니다. 거기에는 '기하학을 전혀 모르는 노예 소년이 소크라테스가 제기한 일련의 질문에 답하는 방식으로 복잡한 기하학 문제를 풀었다'라는 이야기가 나옵니다. 누군가에게 몇 차례 간단하게 질문하는 방식을 통해 생각지도 않은 정보를 얻어 낸 경험이 있나요?

_____

_____

05 효과적인 질문

이 책의 도입부에서 우리는 한 번에 하나씩 알아내는 법을 배웠다. 이 기본적인 가르침에 질문을 발견으로 보는 일의 중요성을 더해 보라. 그리고 이 장에서 두 가지 핵심 코칭 포인트는 다음과 같이 정리된다.

- 일반적으로 '예, 아니오' 식의 단답형보다는 서술형 답변을 요청하라.

- 언제 '그리고 또요?' 라고 질문해야 할지를 파악하라. (p.58)

저자는 복잡한 질문보다는 간단한 질문이 훨씬 효과적이라고 말합니다. 응답자가 서술적으로 답변할 수 있는 질문을 하고 추가적인 정보를 얻기 위해 '그리고 또요?' 라는 질문을 적절히 활용하라고 했지요. 어떻게 질문하는 게 효과적일지 여러분의 의견을 말해보세요.

---

06 정답보다 질문이 중요

질문이 정답보다 중요하다. 곧 죽을 상황에 있으며 목숨을 구할 방법을 단 한 시간 안에 찾아야만 한다면 한 시간 중 55분은 질문을 찾는 데 사용하겠다. 정답을 찾는 데는 5분도 걸리지 않을 것이다. (아인슈타인) (p.62)

유명한 과학자 아인슈타인은 "정답보다는 질문이 훨씬 중요하다" 라고 합니다. 죽을 상황에서 목숨을 건질 수 있는 여유가 한 시간 정도 남았다면 그중 55분은 질문에 집중하겠다고 말했습니다. 여러분이라면 질문과 답을 찾는 시간을 어떻게 배분하시겠습니까?

[선택1] 정답을 찾는 데 더 많은 시간을 할애하겠다.

[선택2] 질문을 찾는 데 대부분 시간을 쓰겠다.

07 듣기와 필기의 중요성

'듣기와 필기'는 학습에서 성과를 거두는 데 이 기술이 중요하다. 프린스톤 대학교 웹사이트에는 이렇게 적혀있다. 첫째, 적극적 경청 기술을 이용하라. 둘째, 분명하고 효과적으로 필기하라. 셋째, 필기한 지 24시간 안에 그 내용을 검토하라. (p.166)

미국 프린스톤 대학교 웹사이트에는 '학습 성과를 거두기 위해서는 듣기와 필기가 중요하다'라는 걸 강조하는 글이 있습니다. 세 가지 단계를 따를 때 지식을 극대화할 수 있다는 건데요. 여러분도 이러한 방법을 활용하여 효과를 거둔 경험이 있으면 이야기해보세요.

---

08 MBTI 유형

MBTI가 어떤 사람이 어떤 식으로 질문에 접근하는 경향이 있는지 가늠할 수 있게 해주는 유용한 도구라고 생각한다. 자신의 지배적인 성격 유형과 교류하는 사람들의 유형을 이해하면 질문 능력과 경청 능력을 개선하는 데 도움이 된다. (p.248)

저자는 "MBTI가 사람들의 질문 능력과 경청 능력을 개선할 수 있는 좋은 도구"라고 말합니다. MBTI는 4가지 (합리주의자형, 이상주의자형, 장인형, 보호자형)으로 나누고 세부적으로는 16가지로 구분됩니다. 여러분은 MBTI 중 어느 유형에 해당하는지 알아보세요.

09 2 + 6 over F

내가 질문 기술을 잘 가르쳤는지 알 수 있는 유일한 방법은 내 학생들이 "아하!"하고 감탄하는 순간을 탐지하는 것이다. 좋은 질문의 결정적인 요소들을 각인시키기 위한 수단으로서 나는 다음 등식을 생각해 냈다. 2 + 6 over F x 4 = 좋은 질문

- *두 살짜리 아이의 호기심을 가지고 질문하라.*
- *여섯 개 의문사 누가, 무엇을, 언제, 어디서, 왜, 어떻게 등을 사용하라.*
- *후속 질문(Fellow-up.)으로 보강하라.*
- *필히 네 가지 발견 영역인 사람, 장소, 사물, 시간 속의 사건을 모두 다루어라.* (p.280~281)

저자는 잘 가르쳤는지 상대방으로 평가한다고 합니다. 이 책에서 이야기한 한 좋은 질문은 '2 + 6 over F' 라고 요약했습니다. 여러분도 '효과적이고 효율적이고 정확한 질문, 즉 좋은 질문'을 많이 활용해보세요.

_____

_____

○ 이야기 정리하기

질문의 힘은 이 책의 목적과도 일맥상통합니다. 왜냐하면 질문의 중요성이나 효용성을 강조하는 공통점이 있기 때문입니다. 특히 마지막 에피소드인 '2 + 6 over F' 가 인상적입니다. 여러분도 각각에 대한 느낌이나 생각 그리고 경험이 있다면 그걸 말해보세요.

제5부

힐링을 위한
이야기 나눔 사례

개요
1. 가족
2. 활동
3. 풍경
4. 관계
5. 사물

개요

　힐링을 위한 〈이야기 나눔〉은 수필과 인생철학책을 바탕으로 합니다. 2023년 하반기에는 두 권의 수필을 바탕으로 한 질문지로 힐링을 위한 〈이야기 나눔〉 프로그램을 진행했습니다. 『The 수필 2022 빛나는 수필가 60』과 『The 수필 2023 빛나는 수필가 60』.

　5부의 내용은 120개의 질문지 중 저에게 강렬한 인상을 남겼던 35개의 질문지를 골라 제 개인적인 경험이나 생각, 느낌을 적은 것입니다. 몇 개는 지인의 이야기를 올렸습니다. 그리고 임의로 〈가족〉〈활동〉〈풍경〉〈관계〉〈사물〉 등 5개로 구분했으며 각각 6~8개씩 배치했습니다.

　이처럼 〈이야기 나눔〉은 질문지마다 자기의 경험이나 추억을 떠올려 이야기하고 들으며 힐링하는 프로그램입니다. 이야기하는 걸 모두 글로 옮길 수는 없겠지만 일부는 뇌리에 뚜렷하게 남아 있어 가능합니다. 바로 5부가 그 사례입니다. 하지만 사례처럼 글로 쓰려고 애쓸 필요는 없고 모임에서 자기 서사를 이야기하고 다른 사람의 이야기를 들으며 힐링한다면 그것으로 충분하지 않을까요.

01 가족

◘ 개요

힐링을 위한 이야기 나눔의 첫 번째 사례인 '가족'에 대한 에피소드입니다. 6개의 질문지를 제시하고 각각에 대한 저자 또는 저자 지인의 경험과 생각, 느낌을 이야기한 글입니다.

◘ 이야기 나눔

01 마음가짐

뭐든 흐르는 게 좋다. 생각이든, 마음이든, 인연이든 한곳에 오래 묶어두면 고약하고 완악하고 아프고 깊어진다. 아버지를 보내고 오래 참았던 울음은 그 시간만큼 나를 옭아맸고 시아버지를 보내며 빨리 풀었던 울음은 그만큼 나를 빨리 놓아주었다. 나 또한 누군가에게 깊고 오래 잠겨 있을 수 있다. 임이송, 「울음을 풀다」, 『The 수필 2022 빛나는 수필가 60』, 북인, (p.53~54)

저자는 "마음이든, 생각이든, 인연이든 한곳에 묶어두지 말고 흐르게 하는 게 좋다"라고 합니다. 아버지를 보내면서 자신을 옭아맸기에 힘든 시간이 길었고, 시아버지를 보내면서는 울음으로 털어냈기에 쌓인 게 별로 없었다고 합니다. 여러분은 어려운 일이 생겼을 때 어떻게 대응하나요?

[선택1] 저자의 말처럼 '한곳에 묶어두지 않고 그냥 지나가게' 내버려 둔다.

[선택2] 그냥 지나가게 내버려 두기보다는 마음속에서 그 일을 되씹고 되씹는다.

저는 매우 낙관적인 성격입니다. 뭐든지 안 된다고 걱정하기보다는 '문제는 반드시 해결된다' 라는 생각이 강한 편이지요. 어떤 일이 생기든지 해결 방법이 있다고 여기기에 걱정하지 않으려고 애쓰고 있습니다. 따라서 어려운 일이 생겼을 때도 그것을 마음속에 담아두고 곱씹어 보기보다는 언젠가는 그냥 지나갈 거라고 믿고 내버려 두는 스타일입니다.

---

02 배추벌레

배추 포기는 실했다. 겹겹이 층을 이룬 채 서로를 감싸고 있었다. 겉잎만이 상해서 너덜거렸다. 그것은 아버지의 굽은 등처럼 보였다. (…) 삼 남매는 둥지 안에서 아버지의 살점을 파먹고 자란 배추벌레였다. 아버지의 등이 기울고 있는지도 모른 채 날개만을 벼르고 있었

다. 자식들을 훨훨 날려 보낸 뒤 빈 둥지에는 바람이 고이고 어둠이 쌓였다.

김미경, 「배추흰나비 겨울을 날다」, 『The 수필 2022 빛나는 수필가 60』, 북인, (p.91)

저자는 배추 포기를 보면서 "저자 삼 남매는 아버지의 살점을 파먹고 자란 배추벌레였다"라고 표현했습니다. 그러나 아버지의 등이 기울고 있는지도 모른 채 훨훨 날아갔고 이제는 다시 볼 수 없는 '아버지'를 그리워하고 있습니다. 여러분에게 아버지는 어떤 존재였는지 말해보세요.

제가 지금까지 살면서 존경하는 분이 네 명 있습니다. 세 분은 대학에 다닐 때 강의했던 교수님입니다. 제가 사람을 존경하는 기준은 한 가지입니다. 무엇이든 저보다 나은 게 있다는 사실입니다. 세상에는 객관적으로 저보다 나은 사람이 수도 없이 많겠지만 제가 주관적으로 도저히 따라갈 수 없겠다는 생각이 들 때 그런다는 뜻이지요.

세 분 교수님의 경우에는 지식적인 측면에서 제가 도저히 따라갈 수 없겠다고 판단해서 존경하게 되었습니다. 두 분은 정치학, 한 분은 도시학을 가르쳤는데 그분들이 가진 지식의 양을 보고 감복했습니다. 그분들이 강의하는 모습을 보며 충격을 받았던 게 지금도 눈에 훤합니다.

"어떻게 저렇게 많은 걸 머릿속에 넣었다가 이야기할 수 있지?"

마지막 존경의 대상은 바로 저의 아버지입니다. 그분은 25여 년 전에 돌아가셨지만 제 마음속에 아직도 자리잡고 계신 영원한 우상입니다. 저의 아버지는 세 분 교수님과 달리 초등학교도 제대로 다니지 않은 분입니다.

하지만 그분의 사람이나 사물을 대하는 태도에 놀라운 점이 있습니다. 성격은 불같이 급하고 엄한 편이나 판단 기준은 참으로 합리적이셨지요. 지혜가 뛰어난 분이라고나 할까요.

'뱁새가 황새 따라가려다 가랑이 찢어진다' 라는 속담이 있지요. 저도 그분처럼 살아보려고 애썼지만 역부족이었어요. 그러니 지금도 그분의 가르침을 틈만 나면 되새김질하고 있습니다.

---

03 울화

잘 지내다 갑자기 가슴이 답답하고 울화가 치민다며 찬 겨울인데도 창문을 벌컥 열어젖혔다. 잦은 사업의 실패로 하루가 멀다고 술판을 벌여 밤늦게 귀가하는 남편, 번갈아 가며 사고를 치는 철부지 삼남매와 날마다 실랑이하다 보면 어찌 속에서 천둥 번개인들 치지 않았을까. 심선경, 「압력솥」, 『The 수필 2022 빛나는 수필가 60』, 북인, (p.198)

저자의 엄마는 찬 겨울에도 가슴이 답답하고 울화가 치민다며 창문을 벌컥 열어젖혔다고 합니다. 남편의 사업 실패에 따른 늦은 귀가, 사고뭉치의 철부지 삼남매들과의 일상적인 실랑이 등으로 엄마의 속은 문드러질 수밖에 없다는 거지요. 여러분의 엄마 모습은 어떠한지 이야기해보세요.

어머니는 2006년에 돌아가셨으나 그분의 행적은 아직도 또렷하게 남아 있습니다. 어떤 엄마도 그렇겠지만 그분 역시 그랬지요. '내 아들이 제일이고 그중에 맏이가 으뜸'이라는 확실한 믿음을 갖고 계셨습니다.

제가 세상에 태어나서 처음 산 자동차가 현대〈P.ony〉입니다. 직장에 들어간 지 얼마 되지 않았고 승용차가 그렇게 많지 않은 시절이었지요. 어머니는 차를 사라고 돈을 보태 주셨습니다. 그 고마움은 잊을 수 없습니다.

반면, 큰형과의 일화는 지금도 잘 이해되지 않습니다. 큰형은 고집이 쎈 편이었습니다. 누구의 의견도 잘 받아들이지 않았지요. 특히, 아버지와의 갈등이 심했습니다. 제가 보기에는 아버지가 말씀하시는 게 훨씬 상식적이고 합리적으로 보였습니다. 그렇지만 큰형은 그걸 받아들이는 경우가 거의 없었습니다.

그걸 옆에서 지켜본 저는 전적으로 아버지의 편에 섰습니다. 반면 큰형과는 사사건건 충돌했지요. 제가 형을 들이받았다는 게 더 정확한 말입니다. 그런데 여기서 어머니의 입장이 묘했습니다.

"언제나 네 이야기가 맞아. 하지만 집안의 평화를 위해 형의 의견을 받아들여라."

저도 자식을 키우고 있지만 왜 그래야 하는지 지금도 수긍하기가 쉽지 않습니다. 결과적으로 제 큰아이가 유탄을 맞은 것 같아 안쓰럽습니다.

어머니가 큰형을 더 챙겼다는 생각이 무의식 속에 잠재해 있었습니다. 그래서 아이들이 어릴 때 누구를 편애하지 않겠다는 마음으로 큰아이와 작은 아이를 똑같이 대했습니다. 하지만 큰아이 눈에는 그게 작은 아이를 더 챙기는 모습으로 보였고, 오히려 독이 되었던 모양입니다.

아이들이 어른이 된 지금은 제가 그때 그렇게 했던 게 큰아이에게는 상처로 남아있을 수 있다는 생각이 듭니다. 사람과의 관계에서 제가 옳다고 믿고 행동해도 그게 반드시 맞는 일은 아니라는 걸 깨닫게 되었지요.

---

04 헌신

마흔여섯에 늦둥이로 낳은 막내딸의 병 시중을 들게 된 엄마의 하루는 마치 누에를 치던 그 모습과 비슷했다. 침대만 한 평상을 만들고 그 아래에는 떡갈나무 잎을 깔았다. (…)

봄이면 돈이 되는 두릅나물 고사리 산나물 등, 궁한 시골 살림이 펴질 수 있는 좋은 시절임에도 엄마의 넝마에는 언제나 떡갈나무 잎사귀뿐이었다. (…) 엄마의 손은 풀독이 올라 늘 벌겋게 부어 있었다.

김주선, 「당신의 잠실에서」, 『The 수필 2022 빛나는 수필가 60』, 북인, (p.98~99)

저자의 어머니는 마흔여섯에 낳은 늦둥이의 병(결핵)을 낫게 하려고 온갖 정성을 기울였다고 합니다. 봄이면 산에는 돈 되는 나물이 지천이었으나 결핵 치료에 좋다는 떡갈나무 잎사귀만 채취하면서 손은 풀독이 올라 항상 벌겋게 부어 있었다고 합니다. 여러분의 어머니가 여러분을 위해 쏟아부은 '헌신이나 사랑' 이야기 하나를 떠올려 말해보세요. 어릴 때 아이들은 제 마음대로 놀아 몸이 망가지는 걸 잘 모릅니다. 저도 그랬습니다.

여름 어느 날 동네 아이들과 함께 작은 웅덩이에 갔습니다. 날씨가 더우니 미역을 감으려는 것이었지요. 아이들과 어울려 웅덩이 속으로 풍덩 소리를 내며 들어갔습니다. 하지만 저는 헤엄을 잘 치지 못했기에 금방 허우적거렸지요. 그걸 본 형이 뛰어들어 저를 건져냈습니다. 눈 깜짝할 순간이었지만 허우적거리면서 물을 많이 먹었고, 귀로도 물이 들어갔습니다.

그 결과는 빠르게 나타났습니다. 왼쪽 귀에 심한 중이염을 앓게 되었지요. 심한 농이 수시로 귀에서 나왔으니 증세가 대단히 심했었습니다. 어머니는 그런 저를 틈만 나면 읍내 병원으로 데리고 갔습니다. 병원에 갈 때마다 의사는 탈지면을 귀속에 넣어 농을 빼냈고, 소독약을 발랐습니다. 적지 않은 시간을 쏟아부었으나 완치되지는 않았습니다.

지금도 심한 감기를 앓으면 왼쪽 귀에 물이 찼다는 느낌이 들었습니다. 그때마다 이비인후과에 가서 고막 속으로 주삿바늘을 넣어 빼냈지요. 그 느낌은 참으로 고약했습니다.

하지만 어려서 축농증이 심할 때 어머니가 헌신했기에 그나마 지금까지 큰 문제가 없이 잘 살아왔다고 생각합니다. '어머니 은혜'라는 동요처럼 어머니의 자식 사랑은 끝이 없는 게 아닐까요?

나실 때 괴로움 다 잊으시고
기르실 때 밤낮으로 애쓰는 마음
진자리 마른자리 갈아 뉘시고
손발이 다 닳도록 고생하시네
어머니의 은혜는 가이 없어라

05 대화

부부의 언어에는 독해력이 너무 적용돼서 힘들 때가 있고 빨간 줄을 쳐놓은 것처럼 확 들어온 꼬투리를 삼은 적도 많았다. 말이란 말을 받는 사람의 것이어서 내보낸 말과 받는 사람의 심정이 어긋나는 데 불씨가 있다. (…)

어떤 언어가 서로의 이해를 돕는 언어일까? 며칠을 생각해 보아도 성격을 넘어서는 언어는 없는 것 같다.

권현옥, 「싸움의 언어」, 『The 수필 2022 빛나는 수필가 60』, 북인, (p.229)

저자는 "말이란 말을 받는 사람의 것이라 내보낸 말이 상대방의 생각과 다를 때 불씨가 생긴다"라고 합니다. 부부간이라도 싸움을 줄이기 위해서는 자기 방식보다는 상대방 성격에 맞는 언어를 사용해야 한다고 합니다. 여러분은 부부간 또는 다른 사람과 대화할 때 상대방의 성격에 맞춰보려고 생각하나요? 아니면 내 방식대로 이야기하는 편인가요?

제 이야기를 먼저 하기보다는 남의 말을 들어 주는 게 익숙합니다.

경청에 장점이 있다고나 할까요?

남의 말을 귀기울여 주의깊게 듣는다는 뜻의 '경청'은 타인과의 관계에서 가장 큰 영향을 미치는 의사소통 기술입니다. 하지만 안타깝게도 많은 사람이 남의 말을 주의 깊게 듣지 않고 그저 자기가 말할 차례를 기다릴 뿐이지요. 게다가 일상생활이나 일터에서 무언가 오해가 생기면 말하는 사람에게 책임을 돌립니다. 어떤 용건이든 그것을 정확하게 전달하는 건 이야기하는 사람의 몫이라고 여기지요. 그러나 과연 이야기를 듣는 사람에게는 아무런 책임이 없는 것일까요?

'대화에는 두 부류의 사람만 있다'라고도 합니다. 한 부류는 말을 하는 사람이며, 또 다른 한 부류는 바로 '말을 하려고 기다리는 사람'이지요. 재미있지 않은가요. 듣는 사람은 없으니 말입니다. 자기가 하고 싶은 말을 하기는 쉽지만 남의 말을 들어주는 건 그처럼 어렵다는 뜻입니다.

하지만 사람과의 관계에 있어 상대방을 설득하거나 감동을 주기 위해서는 남의 말에 주의를 기울여 들어주는 것, 즉 '경청' 만큼 효과적인 방법도 없습니다.

그렇다면 이렇게 중요한 의사소통 수단인 경청을 잘하려면 어떻게 해야 할까요? 우선 경청을 단순한 '마음가짐'으로 보는 오류에서 벗어나 익히고 훈련해야 하는 '방법'으로 이해해야 합니다.

경청의 방법은 다르게 표현하면 '반응'입니다. 간단한 '반응'부터 대화의 방향을 디자인할 수 있는 수준 높은 '반응'까지 다양한 방법이 있습니다. 간단한 반응은 눈 맞춤, 끄덕임 그리고 감탄사입니다. 상대방과 눈을 맞추고 그의 이야기에 동의를 표하는 적절한 끄덕임, 그리고 흥미로운 대화의 분위기를 이어 가는 추임새인 감탄사가 있습니다.

이러한 반응은 기계적으로 해서는 아니 됩니다. 상대방의 이야기를 잘 듣고 적절한 시간에 해야 합니다. 그러면 상대는 제가 경청하고 있음을 알게 되고, 저 또한 상대방의 이야기를 경청할 수밖에 없습니다. 단순한 마음가짐만으로는 '말을 하려고 기다리는' 본능이 슬며시 발동하여 경청이 쉽지 않습니다. 여기에 눈 맞춤과 끄덕임, 감탄사만 더해도 상대의 말에 좀 더 집중할 수 있지요. 좀 더 수준을 높이려면 "더 이야기해주세요"라는 질문을 붙여봅니다. '그밖에 또 무엇이 있나요?'의 개념으로 기억하면 좋지요. 상대방이 자신의 이야기를 더 많이 할 수 있는 상황을 조성합니다. 특히 상대에게 듣고 싶은 이야기일 때는 더 그렇습니다.

또 다른 포인트는 이야기할 때 자신의 의견이 먼저가 아니고 상대방의 의견을 이해하는 게 먼저라는 태도입니다. 그리고 잘못된 부분에 대해서는 확실하게 사과하고 자신의 의견은 상대방의 기분이 상하지 않을 범위 안에서 제시해야 합니다. 특히 자신이 실수한 부분에서는 더욱 그렇게 해야 합니다. 자기의 잘못을 인식하고도 오히려 큰 소리치는 우를 범해서는 아니 됩니다.

경청은 마음가짐이 아니라 '방법'이기 때문에 익히고 훈련해서 습관이 되도록 준비해야 합니다.

말을 하고 싶은 욕구를 참고 상대방에게 말 할 수 있는 기회를 양보하면서 상황에 맞는 준비된 질문과 정리하기, 칭찬하기 등을 더하면 상대방을 주인공으로 만들어 주는 대신 나는 그것보다 훨씬 큰 것을 얻을 수 있습니다.

누군가를 이해시키고 설득하려면 무엇보다도 필요한 대화의 기본인 바로 '경청'에서 시작됩니다. 지금 당장 눈 맞춤, 끄덕임, 감탄사, 추가 이야기, 정리하기와 칭찬하기를 실천해 보면 어떨까요?

---

06 시계

우연이었을까, 기적이었다. 고비를 넘긴 어머니가 다음날부터 눈을 뜨고 사람을 알아보기 시작했다. (…) 이심전심, 삼십여 킬로미터나 떨어진 거리에서도 어머니와 시계는 생명의 숨결을 함께 나누고 있었다. 상호조응일까. 그동안 수많은 시간 동안 서로 나누어왔던 애증이 시공을 넘어 영적으로 이어진 것 같았다.

오승익, 「시계꽃」, 『The 수필 2023 빛나는 수필가 60』, 북인, (p.123)

구순이 넘은 저자의 어머니는 요양원에 있다가 상태가 나빠져 병원에 갔으나 기적적으로 회복되었다고 합니다. 그리고 다시 요양원으로 갔습니다.

저자는 그 사실과 어머니 집의 벽에 걸려있던 시계의 건전지를 갈아 끼워 다시 힘차게 움직이는 걸 연계하여 '상호조응' 했다고 표현합니다. 여러분의 추억 속에 남아 있는 시계에 대한 에피소드를 말해보세요.

40여 년 전 청량리에서 중앙선 열차를 탔습니다. 목적지는 원주. 같은 고등학교에 다녔고 대학을 함께 다녔던 후배들과 1박 2일로 MT를 갔었던 거지요.

치악산에 올라갔다가 내려와서 저녁을 먹었습니다. 젊은 장정이 등산을 마치고 밥을 먹었으니 얼마나 꿀맛이었겠습니까? 거기다가 막걸리까지 곁들여 '부어라. 마시자' 했기에 음식값은 예상보다 훨씬 많이 나왔지요. 7명이 회비로 낸 것을 거의 다 쓰고 각자의 주머니에 있던 돈을 추가로 거뒀습니다. 잠을 자야 하니 치악산 아래에 있는 예약한 숙소로 갔습니다.

그런데 아뿔싸! 밥을 먹고 남은 회비와 추가로 거둔 돈을 합쳐도 숙박비가 부족했지요. 후배들은 모두 꽁무니를 빼며 '나는 모르겠다' 라는 태도였습니다. 이러한 상황을 알아차린 여관 사장님은 우리를 보고 으박질렀습니다.

"돈이 없으면 여기서 잘 수 없으니 그만 나가세요."

"이 시계를 맡길게요."

사장님이 내 손목을 쳐다보는 걸 느끼면서 잽싸게 시계를 풀어서 내밀었습니다. 시계를 이리저리 살피던 사장님이 말했지요.

"이걸로는 도저히 안 되겠는데……"

되느니 안되느니 하며 옥신각신한 끝에 결국 내 시계를 맡기고 우리 7명은 그 여관에서 잠을 잤습니다.

시골에서 올라온 지 얼마 되지 않은 중학교 2학년 때 청량리역 로

터리 근처에는 유독 시계를 파는 상점이 많았습니다. 집에서 학교로 등하교를 하면서 하루에 두 번씩 그곳을 지나다녔지요. 집에 가면 어머니에게 졸랐지요.

"시계를 사주세요."

"중학생이 무슨 시계를 차니?"

"시계 사주세요. 네!"

한 달 이상 떼썼으나 어머니는 요지부동이었습니다. 하지만 시계를 갖고 싶다는 내 간절한 바람도 만만치 않았지요. 말이 통하지 않으니 어느 날부터는 문 창호지에 '시계 사주세요'라고 바늘로 계속 찔러댔습니다. 그리고 그때 알았습니다. '부모가 자식을 이기지 못한다'라는 말이 틀리지 않는다는 것을. 어머니는 내 손을 잡고 청량리역 로터리에 있는 시계 상점으로 갔습니다. 태엽을 감아서 작동하는 보통 시계는 눈에 들어오지 않았습니다. 흔들면 움직이는 자동 시계를 사달라고 졸랐지요. 의외로 어머니는 선선히 그 비싼 자동 시계를 사 주셨습니다.

오리엔트 자동 시계! 대단한 물건이었지요. 당시 태엽으로 가는 보통 시계를 차고 다니는 애들도 거의 없었는데 자동 시계를 차다니! 뛸 듯이 기뻤습니다. 세상을 다 가진 심정이었지요. 당연히 그 시계는 보물 1호가 되었습니다. 그때부터 꽤 오랫동안 내 손목에서 벗어난 적이 없었지요. 중학교 2학년부터 대학교에 다닐 때까지 한시도 나와 떨어지지 않은 분신이나 다름없었습니다.

그러다가 후배들과 MT를 갔다가 여관비 대신 볼모로 맡겨져 헤어지게 되었으니 그 허전함이나 애틋함이란? 내 마음을 알았는지 후배들은 단단히 약속했습니다. '서울에 올라가서 돈을 마련해줄테니 시계를 찾으세요'라고. 그러나 서울에 올라온 이후에는 후배 중 어떤 녀석도 시계에 대해서는 말이 없었습니다. 이후 나 역시 아쉽게도 일부러 다시 치악산에 가서 그 시계를 찾아오지 못했습니다.

　어머니가 그때 그 사실을 알았다면 뭐라고 말씀하셨을까요?

02 활동

◎ 개요

힐링을 위한 이야기 나눔의 두 번째 사례인 '활동'에 대한 에피소드입니다. 역시 6개의 질문지가 있습니다. 각각에 대한 저자 또는 저자 지인의 경험과 생각, 느낌을 이야기한 글입니다.

◎ 이야기 나눔

01 닉네임

곰탱이의 실상을 선언처럼 가슴에 담는다. 스스로 곰탱이임을 아는 자, 곰탱이가 아니다. 곰탱이의 은유를 즐기며 사는 자, 더 이상 패배자가 아니다. 속도에 미친 세상에서 둔하게=느리게 사는 건 여유다. 창보다 강한 게 공감이고 원천은 섬세한 감수성이므로 예민함은 장점이다. 어수룩함은 숫되고 되바라지지 않은 내 성격의 껍데기

일 뿐이다. 노혜숙, 「곰탱이」, 『The 수필 2023 빛나는 수필가 60』, 북인, (p.110)

저자는 "스스로 곰탱이라고 생각하고 친구들로부터도 그렇게 불리지만 실상은 곰탱이가 아니다"라고 합니다. 속도에 미친 세상에서 둔하게, 느리게 사는 건 여유이며 다른 사람에게 공감할 수 있는 삶을 살고 있다는 거지요. 여러분도 '곰탱이'처럼 별명이나 닉네임이 있다면 이야기해보세요.

저의 닉네임은 이들멘인데 만들어진 사연은 이렇습니다. 2021년 8월 서울시민대학이 주관한 전자책 만들기 과정의 첫 수업에서 강사가 닉네임을 하나씩 정하라고 했어요. 적당한 닉네임이 생각나지 않았으나 잠시 후 그걸 정할 수 있는 하나의 에피소드가 머리를 스쳤지요. 예전 회사에 다닐 때 어느 토요일에 당직 근무하던 중 발생한 일입니다.

"여보세요! OO협회 당직실이지요. XX부 OOO씨의 아내입니다. 남편이 아침에 협회 사람들과 낚시한다고 나갔는데 아직 귀가하지 않아서요."

"같이 간 사람들과 술자리가 길어진 것이겠지요."

"아니에요. 그 사람은 허구한 날 밖으로 나돌며 집에는 신경을 쓰지 않아요."

(중략)

"어! 내가 왜 얼굴도 알지 못하는 분과 처음 통화하면서 이렇게 긴

넋두리를 하는지 모르겠네요."

"아닙니다. 괜찮습니다. 남편분은 안전하게 귀가할테니 걱정하지 마세요."

전화를 끊고 시계를 보니 2시가 다 되었습니다. 전에 서로 일면식도 없던 사람끼리 무려 두 시간을 전화로 이야기한 거지요. 그것도 한밤중에! 사실 나는 그녀와 통화하면서 말을 별로 하지 않았습니다. 그녀가 이야기하는 걸 듣고 있다가 그저 '그렇군요' '저런!' '맞는 말씀이네요' '별일 없을 겁니다' 라고 맞장구만 쳐줬을 뿐입니다.

다른 사람들로부터도 종종 그녀의 경우와 비슷한 이야기를 들었지요. 저와 대화를 나누다가 자기도 모르게 "왜 내가 아무한테도 하지 않았던 이야기를 하고 있지"라고 말하는 사람들이 꽤 있었습니다. 이런 이야기를 들으면서 나는 남의 이야기를 잘 들어주는 경청 능력이 조금은 있나 보다라는 생각이 들었습니다. 들어주는 데 그치지 않고 상대방의 말에 공감해주는 게 더 큰 위력을 발휘하지 않았을까요?

"제 닉네임을 이들멘으로 하겠습니다."

"흔치 않은 이름인데 무슨 의미가 있나요?"

"이들멘은 '이야기 들어주는 멘토'를 줄인 말입니다. 제가 다른 사람의 말을 잘 들어 주고 공감도 잘해 주는 편입니다. 그러한 저의 특징을 고려해서 닉네임을 이들멘으로 정했습니다."

"뜻이 분명하고 멋진 닉네임이네요. 이들멘님!"

그 순간부터 저는 이들멘이라는 닉네임을 '부캐'로 갖게 되었습니다. 이후 블로그의 운영자 이름도 이들멘으로 바꾸었지요. 또 이미 활동하고 있는 커뮤니티나 새로운 모임에서 닉네임이 필요할 때는 당당하게 '이야기 들어주는 멘토'를 줄인 이들멘이라고 말했습니다.

이들멘! 멋진 닉네임입니다. 하지만 걱정되는 게 있어요. 사람은 나이가 들면 남의 말을 듣지 않고 자기 고집만 부리는 경향이 크지요. 저 역시 나이를 먹을 만큼 먹었습니다. 앞으로도 예전처럼 다른 사람의 이야기를 잘 들어주고 공감하는 마음이 살아있을지요?

02 색깔

빨강이 뜨겁다면 파랑은 차가운 색이다. 이를 중화시켜주는 게 녹색이다. 자신의 존재를 드러내기보다는 한발 물러나 중립을 지킨다. 어디서나 스스럼없이 어울리며 참을 줄도 안다. 뜨겁지도 차갑지도 않은 포용력이 있기에 보색인 밤색과도 잘 어울린다. 나무와 땅처럼 서로를 받쳐주니 주위에 생기가 흘러넘친다. 하여 조물주도 해가 바뀌면 연둣빛 붓으로 대지를 채우시나 보다.

강표성, 「초록을 품다」, 『The 수필 2022 빛나는 수필가 60』, 북인, (p.82)

저자는 빨강의 뜨거움과 파랑의 차가움을 중화시키며 포용력도 있어 보색인 밤색과도 잘 어울리는 '녹색'을 좋아한다고 합니다. 녹색은 주위에 생기가 흘러넘치게 하기에 조물주도 봄이 시작되면 대지를 연둣빛으로 물들게 한다고 합니다. 여러분이 좋아하는 색깔과 그 이유를 말해보세요.

제가 제일 좋아하는 색깔은 연두색입니다. 봄은 만물이 소생하는 계절이고 봄이 어느 정도 무르익으면 나무에서 새순이 돋아나지요. 그 색깔이 연두색이고, 그걸 보면 제 마음은 설레었기에 저절로 좋아하게 되었습니다. 길거리를 걷거나 산이나 들에 가서 연두색 이파리를 보는 건 제 마음을 무척 들뜨게 했어요.

지난 해 4월 말에 〈이야기 독서 모임〉을 함께하는 멤버들과 능내역에서 양수리까지 왕복 10킬로미터를 걸었습니다. 그때 위를 쳐다보면 파란 하늘에 흰 구름이 떠다녔지요. 앞을 바라보면 그야말로 녹색의 향연이었습니다. 나무 이파리들은 점점 초록색 옷으로 갈아입었지만, 아직도 군데군데 연두색 어린잎이 보였어요. 그걸 보며 걷는 몇 시간 동안 제 마음은 흰 구름과 함께 파란 하늘을 둥둥 떠다녔습니다.

---

03 아지트

채마밭을 일군 지도 올해로 열여섯 해가 지나간다. 채마밭은 하늘 우레 바람 풀벌레들의 조율로 써진 아홉 행간 초록 시편들이다. 삶의 날씨가 건조해지거나 마음의 결이 곤두설 때면 나는 이 채마밭을 찾는다. 밭둑에 앉아서 파릇한 문장들을 읽다 보면 더러는 세상살이가 원경으로 보일 때가 있다.

김만년, 「채마밭 소묘」, 『The 수필 2023 빛나는 수필가 60』, 북인, (p.97)

저자는 "삶의 날씨가 건조해지거나 마음이 헛헛해질 때는 16년이나 함께 한 채마밭을 찾는다"라고 합니다. 거기 밭둑에 앉아서 보고 듣고 있노라면 세상살이의 시름에서 벗어날 수도 있다고 합니다. 여러분이 자주 찾는 자신만의 '공간'이나 '아지트'에 대해 이야기해보세요.

가장 많이 찾는 곳은 제 방에 있는 책상입니다. 아침에 눈을 뜨면서부터 저녁에 잠잘 때까지 틈만 나면 앉아서 책도 읽고 무언가를 쓰는 시간이 너무나 즐겁습니다. 그러기에 외출하지 않을 때는 대부분 시간을 책상과 친구 하며 지내지요. 일이 있어 밖에 나갔다가도 빨리 끝내고 책상에 앉아 뭔가 끄적거리고 싶은 마음이 가득합니다.

요즘 책상은 천석고황의 대상이 되었습니다. 동적인 활동보다는 정적인 활동을 더 좋아하는 제 성격 탓이 아닌가 여겨집니다. 하지만 나이 들어 혼자서도 놀 수 있는 공간과 도구를 찾았으니 사는 게 이보다 더 재미있을 수는 없습니다. 다만 건강을 위해서는 책상에 앉아 있기보다는 밖으로 나가서 걷는 게 백번 낫지요. 그런데도 이 핑계 저 핑계를 대며 엉덩이가 무거운 건 고쳐야겠습니다.

이와는 다른 사례도 있습니다. 이건 제 경우는 아니고 어느 지인한테 들은 이야기입니다. 그녀는 60대 초반으로 남편이 아직도 치과의사로 일하고 있기에 경제적으로 여유가 있다고 합니다. 하지만 경제적 여유가 있다고 해서 스트레스가 없는 건 아니지요.

그녀는 스트레스를 푸는 방법으로 다른 누구도 알지 못하는 '마음의 방'을 하나 마련해 두었다고 합니다. 누구나 배우자나 자식 그리고 친구 등 가까운 사람들에게도 하지 못할 이야기가 있지요. 그녀 역시 그런 경우가 많은데, 이때 '마음의 방'에 들어가서 이야기하면

스트레스가 풀리는 느낌을 받는다고 합니다. 그런데 여기서 중요한 건 '마음의 방' 속에는 반드시 대화 상대자가 있어야 한다는 겁니다. 의례적인 가까운 사람일 수도 있으나 그런 사람을 포함해서 자기가 정말로 좋아하든가 자기와 진심으로 이야기가 통할 수 있는 대상이어야 한다는군요.

'마음의 방!' 즐겁고 행복한 인생을 살아가기 위해 좋은 방법이라고 생각됩니다.

---

04 고사성어

'상전벽해(桑田碧海)'라는 말은 이제 그리운 고사성어다. 푸른 뽕나무밭이 짙푸른 바다가 되는 거창한 변화를 말하지만 그리운 자연의 숨결이 녹아 있는 단어다. 오늘날 눈앞의 변화는 그리움을 자아내는 옛 정취를 거부한다. 행여 발목을 잡는 아련함이 조금이라도 있으면, 냉혹하게 외면하는 이른바 피도 눈물도 없는 혁신(Innovation)이 지배하고 있다.

馬珠樹, 「열매는 어떤 맛일까」, 『The 수필 2023 빛나는 수필가 60』, 북인, (p.214)

저자는 "오늘날의 변화는 '그리움'을 자아내는 옛 정취는 사라지고 그야말로 피도 눈물도 없는 '혁신'만이 판친다"라고 합니다. 그에 비해 〈상전벽해〉는 '뽕밭이 푸른 바다가 된다'라는 거창한 변화를 말하지만 그리운 자연의 숨결이 녹아 있는 고사성어라고 합니다. 여러분이 자주 인용하거나 마음의 나침반으로 삼고 있는 고사성어에 대해 이야기해보세요.

우문현답(愚問賢答). 이 말의 고유 의미는 대부분이 알고 있습니다. 하지만 저는 그 말의 원래 뜻과 상관없이 '우리의 문제는 현장에 답이 있다' 라는 문장의 줄임말로 사용하길 좋아합니다.

날씨가 더웠던 지난 어느 봄날 고등학교 동창 친구와 종묘 앞을 지나게 되었습니다. 오래 전 언론에 났던 〈일제가 단절시킨 창경궁~종묘 통로, 연결했다〉라는 기사가 생각나서 친구에게 얘기했지요.

"예전에 창경궁과 종묘가 서로 연결되었다는 기사가 났었는데 한 번 들어 가볼까?"

신문 기사를 자세히 읽지도 않았고 지금까지 종묘에는 한 번도 들어간 적이 없었으니 '창경궁과 종묘의 담을 허물어 서로 연결했구나' 라고만 지레짐작했었지요. 그런데 종묘 입구 안내판에 예상을 깨는 반전이 있었습니다. '종묘와 창경궁 통행 불가'. 그걸 읽고 의아해하면서 입구에서 봉사하는 분에게 물었습니다.

"창경궁과 종묘가 통로로 연결됐다고 알고 있는데 종묘로 들어가서 창경궁까지 갈 수 없다고 안내되어 있네요."

"맞아요. 창경궁에 가려면 종묘로 들어오면 안 되고, 종묘 담 옆길을 따라서 가야 합니다."

종묘 입구에 있는 안내문과 봉사하는 분의 이야기대로 종묘 담 옆길로 들어섰습니다. 표지판을 보니 '서순라길' 이라고 적혀있었지요. 그 길을 따라 10분 정도 걸으니 언덕이 보였습니다. 종묘와 창경궁을 연결하는 시작점인 조그만 공원으로 추측되었습니다. 친구와 둘이 거기서부터 남쪽으로 내려갔어요. 오른쪽으로는 종묘 담을 따라 걷는 것이었고 왼쪽으로는 창경궁의 안쪽이 훤하게 보였지요. 잠시 더 내려오니 원남동 사거리가 나왔고 뒤편으로는 터널이 보였습니다.

〈창경궁~종묘 통로, 연결했다〉라는 사실을 대략적으로는 알게 되었으나 궁금증이 완전히 풀리지는 않았습니다. 그래서 다음 날 다시 찾아갔습니다. 이번에는 창경궁의 출입구인 돈화문에서부터 출발했어요. 올라가며 위를 쳐다보니 어제 보았던 터널 위 조그만 공원이 있었고 거기에는 이런 팻말이 있었어요. 〈창경궁과 종묘 역사 복원 사업〉. 적혀있는 내용을 요약하면 이랬습니다.

〈조선총독부는 1912년에 종묘 뒤를 관통하는 도로개설을 추진하였다. 순종을 비롯한 조정과 민간의 반대에도 불구하고 1931년 6월에 끝내 착공을 강행해 1932년 4월에 개통하였다. 그 결과 본래 연결되어있던 창덕궁, 창경궁과 종묘의 지맥이 끊기고, 이 지역의 원래 모습이 크게 훼손되었다.

서울시는 90년 만에 일제가 훼손한 문화유산을 되살리는 사업을 시행하여 2022년 7월에 개방하였다. 고증을 거쳐 복구 사업을 진행했다. 율곡로 하부에 터널을 만들고. 도로를 6차선으로 확장했고, 터널 위로 끊겼던 지형을 연결했다. 기존 석재를 일부 사용하여 궁궐 담장을 쌓았고, 종묘와 창덕궁 사이 담장을 따라 보행로도 조성하였다.〉

이틀간의 발품은 더운 날씨에 힘이 들긴 했으나 보람도 컸습니다.

그중 특히 고정관념이나 무지를 깰 수 있는 가장 좋은 방법은 역시 현장 확인이란 걸 새삼 더 깨달았다는 사실입니다.

05 밥벌이

노동은 흔적을 남긴다. 목수 곁에는 휘어진 못과 잘린 나무토막이 나뒹굴고 환자를 돌보는 간호사 옷은 핏물이 무늬처럼 얼룩지고 알코올 냄새가 풍긴다. (…) 어부의 몸을 치장한 은빛 화장은 멸치가 이 세상에 살았던 종적이면서 어부에겐 지독한 밥벌이 자국이다. (…) 형태가 없는 상담을 직업으로 하는 내가 수십 권의 상담 노트를 남겼 듯이.

김희숙, 「멸치 화장」, 『The 수필 2023 빛나는 수필가 60』, 북인, (p.230)

저자는 "목수나 간호사나 사람은 누구든지 노동의 흔적을 남긴다"라고 합니다. 상담을 직업으로 하는 저자가 축적한 상담 노트처럼 멸치를 잡는 어부의 몸에 훈장처럼 달라붙은 '은빛 화장'은 지독한 밥벌이의 흔적이라고 합니다. 여러분이 지금까지 살아오면서 벌였던 '밥벌이'에 대해 이야기해보세요.

저는 처음 입사한 직장에 끝까지 근무하다가 정년퇴직하였으니 밥벌이 측면에서는 복이 많은 축에 속하는 거지요. 물론 평생 월급쟁이를 했으니 '가늘게 먹고 가늘게 싼' 셈이긴 하지만요. 했던 일은 무역업체를 도와주는 업무를 했으니 자부심도 있었지요. 특히, 중국 업무를 오래 했고 중국에서 지부장으로 생활하는 전성기도 있었습니다. 제가 상하이에서 생활하는 동안 상하이 엑스포가 열렸습니다. 우리나라는 처음이자 마지막으로 대기업이 연합해서 기업관 형태로 참가했고 저는 6개월 동안 한국기업연합관장도 겸직했었습니다. 한국에서 방귀깨나 뀐다는 사람들은 그때 상하이 엑스포에서 대부분 봤습니다. 지난해 부산시가 2030년 세계 엑스포 개최 유치를 위해 불철주야 애쓰는 걸 봤을 때 그 시절이 저절로 떠올랐습니다. 2012년에 개최했던 여수 엑스포의 성공을 위해 분주히 움직였던 분들의 활동도 눈에 선하네요.

밥벌이 차원은 아니었지만 퇴직하고 몇 달 쉬다가 도저히 견딜 수가 없어 컨설팅 서비스를 제공하는 회사를 설립했습니다. 아는 후배 1명을 채용하여 현직에 있을 때 무료로 제공하던 서비스를 비즈니스 수익모델로 연결해 보려고 했지만 결국 1년 반 만에 일다운 일도 하지 못해 보고 접게 되었습니다.

현직에 있을 때 투철한 주인의식을 갖고 일했습니다. 월급을 받으며 영업과는 직접적인 연관이 없는 일을 하면서 30여 년의 세월을 보냈습니다. 그런데 지금 와서 영업하고 수익을 내야 하는 일을 해야 하니 적응하기가 쉽지 않았던 거지요. 다만, 명색이라도 회사 대표라는 직책을 가지고 있어서 모 대학의 '겸임교수'로 위촉될 수 있었습니다. 그걸 바탕으로 2년 정도 강의를 한 것은 좋은 경험이었습니다. 하지만 '송충이는 솔잎을 먹어야 한다'라는 사실을 뼈저리게 느꼈습니다. 이후 여러 곳에서 컨설팅 일을 했으나 지금은 제가 정말로 하고 싶은 일을 찾아 행복한 시간을 보내고 있습니다. 바로 수필 쓰기와 이야기 독서입니다.

  2022년 1월에 수필작가로 등단한 이후 틈틈이 글을 쓰고 있습니다. 또한 책에 대한 질문지를 만들어 강동 구립 둔촌도서관, 서울시민대학 등을 거쳐 사설 작은 도서관과 강동구 자원봉사센터에서 커뮤니티를 진행하고 있습니다. 중장년 동년배들과 이야기 모임을 하며 즐겁게 보내고 있습니다.

  좀 더 노력하여 밥벌이까지는 아니더라도 용돈벌이 수준이라도 됐으면 동년배 또는 지인들에게 밥을 더 자주 살 수 있을 텐데요.

---

03 『풍경』

◆ 개요

힐링을 위한 이야기 나눔의 세 번째 사례 '활동'입니다. 7개의 이야기 각각에 저자나 주변의 경험과 생각 느낌을 이야기한 글입니다.

◆ 이야기 나눔

01 조각공원

조각공원을 돌고 있다. 이십여 개의 조형물이 각기 다른 형태로 세워져 있다. 조각에 문외한인 내게는 무엇을 말하는지 이해가 안 되는 돌덩이나 쇠붙이 같은 것도 있다. 그중에 〈연인〉 또는 〈한 가족〉이란 조각상은 서로를 꼭 끌어안고 있다. 그 작품 속의 연인이나 가족은 이깟 추위쯤이야 하는 얼굴이다. 그들이 아무리 돌로 만들어졌다 해도 온기가 느껴진다.

이영옥, 「남은 자」, 『The 수필 2022 빛나는 수필가 60』, 북인, (p.120)

조각에 문외한인 저자가 공원에서 본 작품은 '도대체 무슨 뜻인지 이해가 되지 않는 그저 돌덩이나 쇠붙이 같은 것도 있다'라고 합니다. 하지만 연인이나 한 가족이란 조각상은 서로 꼭 끌어안고 있고 따뜻한 온기가 느껴졌다고 합니다. 여러분이 조각공원이나 미술관 또는 전시장에 방문한 경험을 이야기해보세요.

저 역시 저자처럼 조각이나 미술에 문외한입니다. 공원에서 작품을 보면 도대체 이해되지 않아 저자의 말처럼 '그저 돌덩이나 쇠붙이가 왜 여기에 있지?'라고 생각한 적이 많았습니다.

지난해 말에 〈이야기 독서〉를 함께하는 지인들과 양평의 「CARFORE」라는 곳에 다녀왔습니다. 「CARFORE」는 갤러리와 카페, 야외공연장, 사계절 정원으로 이루어진 아름다운 자연 속의 복합문화시설이라고 했습니다.

건축가 곽희수 님이 '숲속의 캐비닛'이라는 콘셉트로 설계한 현대적인 건축물, 이국적인 풍경의 탁 트인 강변 뷰, 꽃이 있는 산책길, 다채로운 갤러리의 작품이 있었어요. 그중에서도 인상적이었던 건 바로 야외에 만들어진 조각공원이었습니다.

글에 나오는 대로 연인이나 가족이란 이름이 붙여진 조각상도 있었지요. 그때가 꽤 추운 날씨였는데 그 작품 속의 연인이나 가족들도 추위에 아랑곳하지 않는 표정을 보여줬습니다. 그들을 접한 건 멀지 않은 곳에서 문화를 즐겼던 흔치 않은 경험이었어요.

02 세월

젊은 시절에 나를 사로잡았던 꿈과 열정은 퇴색하고 균열하여 먼지가 쌓였지만 더는 지난 일에 연연하지 않는 나이에 이르니 휴식의 의미가 새롭게 보인다. 누군가에게는 아쉽고 달콤한 휴식이, 또 다른 누군가에게는 시작을 위한 인고의 시간일 수 있는 인생의 휴식은 짧고도 긴 쉼표이어라.

김영수, 「짧고도 긴 쉼표」, 『The 수필 2022 빛나는 수필가 60』, 북인, (p.161)

저자는 "젊은 시절에는 꿈과 열정에 휩싸여 힘차게 달려왔지만 나이가 드니 그것들보다는 휴식의 의미가 더 새롭게 보인다"라고 합니다. 반면, 저자에게 현재는 열심히 달려온 끝에 한숨 돌리며 쉬는 것처럼 보여도 내면의 활동은 멈추지 않는다고 합니다. 여러분에게는 젊을 때와 나이가 든 지금은 어떤 차이가 있는지 말해보세요.

흔히 요즘을 「100세 시대」라고 합니다. 중장년 대부분에게 앞으로 20년 이상 무언가를 할 수 있는, 짧지 않은 시간이 남은 거지요. 그렇다면 젊을 때와 나이 든 지금의 가장 큰 차이는 무엇일까요?

우선, 타이틀이 없다는 점입니다. 젊을 때는 대부분 어딘가에 소속되어 나이에 걸맞게 직책이나 직위가 있었습니다. 하지만 나이가 들어 은퇴한 지금은 이렇다 할 공식적인 타이틀이 없습니다. 그저 자기 맘대로 만든 타이틀만 있다고 해야 할까요?

다음은 시간적인 여유가 많다는 거지요. 시간과 돈 중에 시간이 훨씬 중요하다는 사람도 있습니다. 그런 면에서 나이 든 사람은 시간이 많기에 무슨 일이든 마음대로 할 수 있는 가능성이 큽니다.

하지만 시간이 아무리 많아도 뭔가를 하고자 하는 열정이 없다면 소용없는 일입니다. 젊어서 못지 않은 열정을 찾아보세요. 휴식은 죽으면 영원히 할 수 있을 테니 눈이 떠져 있는 동안은 뭔가를 하는 열정을 불태워보세요.

---

03 해외여행

성 아우구스티누스는 "세계는 책 한 권이다. 여행하지 않으면 그 책의 한 페이지만 읽을 뿐이다"라고 했다. 나는 이곳 페루의 마추픽추를 돌아보며 또 한 페이지를 더 넘길 수 있었다. 낯선 곳에서 다른 문명을 대하고 내 나라와 내가 속한 문명을 돌아보는 호사를 누렸다. 집을 떠나지 말아야 할 이유는 많았지만, 그 모든 걸 호기심 하나로 이길 수 있었던 건 행운이었다.

김혜숙, 「마추픽추에 서다」, 『The 수필 2022 빛나는 수필가 60』, 북인, (p.181)

저자는 "페루의 마추픽추를 여행하며 자신의 버킷리스트 하나를 지웠다"라고 합니다. 호기심 하나로 낯선 곳으로 떠나 다른 문명을 돌아보는 호사를 누렸다고 합니다. 여러분이 갔던 해외여행 중 다른 사람에게 추천할 만한 여행지가 있다면 이야기해보세요.

아내와 일본 후쿠오카 단체여행을 했습니다. 먼저 〈개구리 절〉이라고 불리는 뇨이인지(如意輪寺)에 갔어요. 절 내의 곳곳에는 각종 모양의 개구리 조형물이 사람들의 눈길을 끌었어요. 그 조형물들에 눈길을 주는 사이 어디선가 개구리 울음소리가 들렸어요.

"어디에 진짜 개구리가 있나?"

두리번거리며 소리 나는 쪽으로 가보니 놀라운 광경이 펼쳐졌어요. 좁은 절 마당 위로 걸린 줄에서 파랑, 노랑, 빨강 등 형형색색의 리본이 펄럭이고 있었습니다. 자세히 보니 유리컵을 거꾸로 매달아 놓은 모습이 보였어요. 그 속에는 작은 쇠붙이로 만든 풍경이 있었지요.

바람이 불 때는 풍경과 리본이 요란하게 흔들리며 개구리 울음소리를 냈고, 바람이 잠잠해지면 그것들의 몸놀림도 잦아졌어요. 당연히 개구리 울음소리도 줄어들었고요. 신기했어요. 간단한 인공 조형물로 자연의 소리를 들을 수 있으니까요.

다음은 오이타 지역의 유후인(由布院)에 갔어요. 비가 왔는데 버스에서 내리니 비가 더욱 몰아쳤지요.

예전에 한 번 가봤던 긴닌코(金鱗湖)에 도착했으나 비가 오니 그저 사진 한 장 찍는 거로 만족했어요. 근처 카페에 들러 경치를 구경할 여유는 없었지요. 우산을 쓰고 아기자기한 상점들이 늘어선 길거리를 걸었어요. 다 들어가 볼 수는 없기에 유명한 상점 두 군데만 들어갔습니다.

하나는 맛이 좋아 지역 대회에서 금상을 받아 그대로 이름을 지었다는 고로께 가게에요. 또 하나는 벌꿀 아이스크림으로 유명한 가게

였어요. 비가 오니 많은 사람이 북적거렸기에 오래 앉아 있기에 눈치가 보여 아이스크림을 먹고 바로 자리에서 일어났어요. 대부분이 한국말을 하는 사람들이라 입이 쩍 벌어졌어요.

마침 가까운 데에 문을 열지 않은 가게가 보였습니다. 거기로 가서 긴닌코를 둘러싼 산을 바라보며 멍때리기를 했어요. 비가 오면 오는 대로 즐기는 방법이 있더군요. 후쿠오카에 가신다면 유후인은 꼭 한번 들러 보세요.

마지막으로 후쿠오카 시내에 있는 정원에 갔어요. 여행 마지막 날이라 별로 기대하지 않았어요. 그런데 그 속에 들어가서 걸으면 걸을수록 괜찮다는 생각이 들더라고요. 정원 규모도 생각보다는 넓었고, 전체적으로 잘 가꾸어져 있었어요.

특히 크지는 않았으나 물이 힘차게 떨어지는 폭포가 인상적이었어요. 연못에 있는 팔뚝만 한 잉어들도 폭포에서 떨어지는 물이 좋은지 그 아래서 꼼짝을 안 했어요.

연못을 따라 걷는 오솔길은 군데군데 자리를 잡은 대나무 군락 그리고 파란 하늘과 근사하게 어울렸어요. 지나간 세월을 실감할 수 있는 오래된 고목들과 두둥실 떠가는 하얀 구름도 한몫했지요. 비가 온 뒤라 더 깨끗해서 그랬겠지만요.

걷기를 마치고 작은 정자 속에 있는 다다미방에서 차를 함께 마시는 게 예상 밖의 호젓한 정원에서 누리는 운치의 백미였어요. 바깥 경치를 보고 새들이 지저귀는 소리를 들으며 눈과 귀가 호사를 누렸어요. 덩달아 입과 코도 차의 은은한 향에 취했어요.

후쿠오카에 와서 보지 않았다면 후회했을 것 같은 장소네요. 가실 기회가 있으면 꼭 한 번 들러 보세요.

---

04 병원에서의 자유

불편함 없이 두 발로 서서 걷는다는 게 얼마나 소중한가. 한여름 대낮에 걸었던 순례길에도 취기와 밤바람에 몸을 실어 걸었던 산책 길에도 그 한 걸음 한 걸음이 값진 것인지 생각해보지 못했다. 쉽게 잊을 만큼 익숙하지만 조금만 생각하면 어렵게 얻은 자유였다.

김영훈, 「걸음 연습」, 『The 수필 2023 빛나는 수필가 60』, 북인, (p.28)

의사인 저자는 "사람들은 두 발로 서서 걷는 걸 당연한 일로 여기나, 조금만 생각하면 그건 어렵게 얻은 자유"라고 합니다. 그러나 병원에는 여러 가지 이유로 그 자유를 제한받아 새롭게 걸음걸이 연습을 하는 사람들이 많다고 합니다. 여러분이 아파서 병원에 갔던 기억을 더듬어 이야기해보세요.

눈에 녹내장이 있다고 해서 동네 안과 병원에 갔습니다. 4~5년 정도를 다니며 병원에서 하라는 대로 했습니다. 그러던 중에 갑자기 눈이 안 보이는 거예요. 혼자 갈 수 없어서 아내와 함께 병원에 갔더니 망막이 떨어졌다고 했습니다. 그러면서 다른 큰 병원으로 가라고 하더라고요. 갑작스레 부랴부랴 대형병원으로 쫓아갔죠. 입원 절차를 마치고 검사를 하니 안압이 낮아져 망막이 떨어졌고 그래서 안 보인다는 겁니다. 동네 병원에서 준 녹내장 약을 먹은 게 원인인 듯하나 도대체 이유를 알 수 없었습니다. 어쨌든 대형병원에서 수술하고 눈을 완전히 다 동여매서 햇빛도 못 보게 하고 거꾸로 있으라고 하더라고요.

일주일간 침대에 엎어져서 있다가 밖으로 나가 걸을 때 뿌옇게 보이는데 진짜 생명을 다시 얻은 것 같은 기분이 들었습니다. 올림픽공원에 가서 처음 한, 두 달은 지팡이에 의지해서 걸었습니다. 전혀 안 보이던 눈의 시력은 차츰 좋아져 지금은 0.1 정도로 '시력 검사'의 가장 큰 글씨는 볼 수 있습니다.

기분 좋을 때는 비교적 잘 보이고 가까이 있는 건 억지로라도 읽을 수 있으니 일상생활에 큰 불편은 없습니다. 병원에 입원했지만 눈 수술을 해서 볼 수 있으니 새 생명을 얻은 것 같은 희열과 기쁨이 그런 거구나 하는 걸 느꼈습니다. 그런데 지금도 진행형이라서 일주일에 한 번씩 병원에 가서 3시간 동안 누워있습니다. 이제 거의 8년 정도 지났습니다.

05 늙음

오늘 점심은 노인 요양병원의 3일간을 다룬 다큐멘터리와 겸상한다. (…) 누군가는 그랬다. 나이 들어간다는 건 늙어서의 몸 상태에 익숙해져 가는 과정이라고. 그래서 말년에도 잘 살 수 있는 거라고. (…) 하지만 인간은 불편과 고통에 좀체 익숙해지지 않는다. 어쩔 수

없이 견디는 것이다.

한경희, 「늙음」, 『 The 수필 2023 빛나는 수필가 60』, 북인, (p.74~75)

저자는 노인 요양병원의 3일간을 다룬 방송을 보았는데 "늙음이란 적막과 외로움이며 뼈마디까지 얼음이 드는 한기"라고 합니다. 그리고 사그라지는 육신에서 오는 불편과 고통을 어쩔 수 없이 견디지만, 죽는 날까지 이해받지 못하고 가는 거라고 합니다. 여러분에게 '늙음'이란 어떤 의미인지 말해보세요.

늙음은 신체적, 정신적, 사회적 기능이 점차 약화 되는 과정입니다. 사그라지는 육신에서 오는 불편과 고통을 어쩔 수 없이 견디지만 죽는 날까지 이해받지 못하고 간다는 의미이겠지요. 시간이 흐르면 누구나 예외 없이 겪어야 하는 자연스러운 현상입니다. 하지만 그 원인과 특징은 개인마다 다를 수 있습니다. 늙음은 생물학적, 심리학적, 사회학적 요인들이 복합적으로 작용하여 발생합니다. 늙음에 대한 태도와 대처 방법은 개인의 삶의 질에 영향을 줄 수 있습니다.

대처 방법은 사람마다 다를 수 있으나 이렇게 하면 어떨까요?

첫째로 건강한 식습관과 운동을 유지하고 정기적인 건강검진을 받는 겁니다. 건강한 몸은 늙음의 진행을 늦추고 질병의 예방과 치료에 도움이 되기 때문이지요.

둘째로 취미나 관심사를 가지고 적극적으로 학습하고 창작하시면 좋겠네요. 뇌를 자극하는 활동은 정신력을 강화하고 자신감과 만족감을 높여주거든요.

셋째로 가족, 친구, 이웃 등과 소통하고 사회적 활동에 참여해야 합니다. 사람들과의 관계는 정서적 지지와 의미 있는 삶을 제공하며 외로움과 우울감을 줄여줍니다.

넷째로 늙음에 대한 부정적인 인식을 바꾸고 긍정적인 태도를 보여야 합니다. 늙음은 존중받고 즐길 수 있는 인생의 한 단계일 뿐입니다. 늙음에 대해 수용하고 감사하며 그 경험과 지혜를 다른 사람들과 공유하려는 마음가짐을 가져야 하지요.

마지막으로 중요한 일인데요. 늙음에 더해 죽음을 자연스럽게 받아들이는 자세가 필요합니다. 인간은 필멸의 존재라는 걸 깨닫고 받아들이면 그때부터는 여유로운 생활을 할 수 있으리라 확신합니다.

---

06 글방

가끔 외양간을 나와 오솔길로 들어선다. 칠불암 가는 길엔 제주할망의 허름한 주막이 있다. 탐라바당에서 (…) 숨비소리 내뿜다가 단체로 경주바당에 원정을 와서 홀로 눌러앉은 잠녀 아지망이, 물질이 숨찰 나이에 '다라횟집' 벌였다가 그 짓도 세월에 밀려 남산 기슭에 자리잡은 퇴역 잠녀 할망이다.

안병태, 「토굴 혹은 외양간」, 『The 수필 2023 빛나는 수필가 60』, 북인, (p.182)

저자는 가끔 글방인 외양간을 나와 제주에서 경주로 여행을 왔다 눌러앉은 '해녀 할머니'의 식당에 들른다고 합니다. 거기에 가면 '얼큰한 냄비 칼국수', '독특한 겉절이 맛'과 함께 경주·제주 사투리로 섞어 엮는 할망의 걸쭉한 입담을 들을 수 있다고 합니다. 여러분이 무료하거나 마음이 땡길 때 찾아갈 수 있는 사람이나 장소가 있다면 이야기해보세요.

무료하거나 뭔가를 해야 한다고 생각할 때면 자주 찾아가는 장소가 있습니다. 바로 남양주시 조안면에 있는 수종사 근처의 마을입니다. 수종사 절을 가다 보면 도로변으로 옛날 가옥들을 정비해서 사람들이 쉬면서 휴식을 취할 수 있는 공간이 있습니다. 작가의 마을은 아니지만, 거기서 긴 시간을 머물며 글을 쓰는 사람들이 있더라고요.

저도 거기에 가서 방 하나를 얻어놓고 하루, 이틀 혼자 멍때리기를 하다 오곤 합니다. 그곳 이외 가끔 가는 곳은 팔당 물안개 공원이에요. 사람들이 많이 가는 초입의 정문이 아니고 더 들어가면 차에서 숙박을 할 수 있는 공간 근처에 정자와 나무 쉼터가 있습니다. 거기에 가면 혼자서 할 수 있는 게 많더라고요. 자전거를 타고 양평대교까지 달릴 수도 있고 책을 읽을 수도 있고. 그냥 낮잠을 즐길 수도 있고. 간단히 먹을 수 있는 음식을 가져가면 금상첨화입니다.

물빛 자체도 햇빛에 따라 색깔도 다르고 모양새도 다르게 보입니다. 가끔은 물고기도 튀어 오릅니다. 그런 모습을 쳐다보고 있기만 해도 신선이 따로 없다는 생각이 듭니다.

_____

_____

04 관계

○ **개요**

힐링을 위한 이야기 나눔의 네 번째 사례인 '관계'에 대한 에피소드입니다. 7개의 질문지와 각각에 대한 저자 또는 저자 지인의 경험과 생각, 느낌을 이야기한 글입니다.

○ **이야기 나눔**

01 자투리

자투리 시간, 자투리땅, 자투리 천. 가치 없어 보이는 낮춤의 의미가 배어 있다. 아마도 '통째'나 '알짜'와 비교하기 때문일 것 같다. 그러나 자투리는 예쁘면서도 호감이 가는 순수 우리말이다. 숨 쉴 수 있는 여백의 공간이다. 세모나 반 동그라미나 마름모꼴이나 다각형인 그것은 사각형처럼 규격화되지 않아 기발한 창조성을 자극한다.

최장순, 「자투리」, 『The 수필 2021 빛나는 수필가 60』, 북인, (p.286)

저자는 "자투리는 예쁘면서도 호감이 가는 순수 우리말이며, 규격화되지 않아 기발한 창조성을 자극한다"라고 합니다. 반면 '통째' 나 '알짜'와 비교해서 가치 없어 보이는 낮춤의 의미가 배어 있기도 하지요. 여러분에게 '자투리' 하면 떠오르는 이미지는 무엇인가요?

'자투리' 하면 예전에 살던 광명시가 떠오릅니다. 지금은 이름도 사라진 '구로공단' 건너편에 살았습니다. 안양천 건너고 철산동에 살았을 때 얘기인데 안양천이 꾸불꾸불 이렇게 돼 있던 걸 거의 직선화시켰어요. 그건 박정희 대통령 때 벌어졌던 일이지요. 저는 1983년도에 거기 가서 3년간 살았어요. 땅이랄까 부동산에 조금 관심이 있어 1985년에 공인중개사 시험에 합격한 후에 동네 부동산 사무실에 갔어요. 거기서 부동산 하는 친구들이 그런 얘기를 하더라고요.

여기 일부분은 서울 땅이고 저 구로공단 쪽의 세 군데 정도는 광명시 땅이라는 거예요. 안양천이 직선화로 정리된 지 10년이 넘었는데도 그런 상태로 있었다는 거지요. 서울시에서도 광명시의 서울 땅을 광명시에 내주지 않았고 광명시 역시 구로공단 쪽의 서울에 붙어있는 땅을 내주지 않았다네요. 개인 땅이라면 하루라도 빨리 정산해서 자신의 권리를 행사하려고 하지 않겠어요? 그런데 아무도 손을 대지 않고 있다고 하더라고요. 그래서 물었지요.

"10년이 넘었는데 그게 왜 그러냐?"

답이 가관이에요. '실무자가 굉장히 귀찮아서 그랬다'라는. 정리하려면 굉장히 골치가 아프잖아요. 구청장 정도는 안 되고 시장이나 도지사까지 움직여야 하니까. 그래서 10년이 지나도 정리가 되지 않은 '땅', 그게 바로 '자투리'라는 생각이 듭니다.

---

02 악연

인간이 처음 만나면 인사부터 하는 게 예가 아닌가. 근데 '그'라는 인간과 '나'라는 인간의 첫 만남은 발길질이었다. 그의 군홧발과 나의 정강이. 30년 전 군대였으니 그럴 수 있다고 눙치자는 시대착오적 말을 하지 말자. 30년이 아니라 300년 전에도 안 그런 사람은 안 그랬으니까. '병폭'인 셈이다. 요즘 학폭(학교폭력)이란 말이 있기에 그의 그 짓을 병폭(병영폭력)이라 해두자. 이상렬, 「新 데미안」, 『The 수필 2022 빛나는 수필가 60』, 북인, (p.202)

저자는 '그'와 군대에서 처음 만났을 때 그의 군홧발에 정강이를 차였다고 합니다. 그래서 30년이 아니라 300년이 지났어도 잊을 수 없는 그 병폭(병영폭력)이라 치가 떨린다고 합니다. 여러분도 지금까지 살면서 여러분을 괴롭혔거나 특별한 인연으로 잊을 수 없는 사람이 있다면 말해보세요.

악연이라기보다는 고향 초등학교에 입학했을 때 만났던 사람들이 생각납니다. 6·25가 1950년에 일어났지요. 그러다 보니 그전 초등학교에 입학한 사람들이 제대로 학교에 다니질 못했습니다. 입학은 했으나 학교에 제대로 못 가다가 1952년에 학교가 정상화(?)되었나 봅니다. 저는 1952년에 초등학교에 정상 나이대로 입학했어요.

저보다 먼저 학교에 간 학년, 그러니까 1951년에는 한 반 30명이었어요. 2년 뒤인 1953년에 입학한 사람들은 40여 명. 반면 1952년에 입학한 우리 학년은 2개 반으로 남녀 합쳐서 91명인가 됐어요. 전쟁으로 인해서 입학이 밀렸던 사람, 입학은 했으나 학교에 제대로 다니지 못했던 사람들이 한꺼번에 들어왔기 때문이겠지요.

다섯 살 이상 더 많은 사람이 3명, 네 살 많은 사람이 8명, 세 살 많은 사람은 20명 정도였지요. 두 살 많은 사람은 한 30여 명 되었고 저처럼 정상 나이는 30명 정도 되었지요. 저하고 나이가 같거나 한 살 차이인 사람들하고는 그냥저냥 어울릴 수 있었는데 2살 3살 4살 5살 이상 차이가 나는 사람들과는 그게 쉽지 않더라고요. 우리 집 가정 형편이 그런대로 괜찮았으면 머리를 들고 다녔을 텐데, 그렇지 않으니까 나이 많은 사람을 쉽게 대하기가 만만치 않더라고요.

한 분은 저하고 열네 살 차이가 납니다. 우리가 1958년에 졸업했고 그해 결혼한 그분의 딸이 1959년도에 태어났어요. 어떻든 동창은 동창이니까, 그것도 시골 고향 학교 동창이니까 가끔 만날 수밖에 없어요. 그런데 그런 양반들하고 진짜 지금도 만나면 반말하기도 그렇고 존대하기도 그렇고 해서 어색한 경우가 많아요.

그리고 저자가 병영폭력을 이야기했는데 제가 군대에 갔을 때도 폭력이 상당히 심했거든요. 오죽하면 저는 그걸 피해 월남 파병 지원까지 했습니다. 군대에서 생활할 때 구타는 일상이었습니다. 평균 일주일에 한 번씩은 곡괭이 자루가 엉덩이에서 불을 뿜어내야 안도감을 느끼며 잠을 잘 수 있었지요. 국내에서 6개월 정도 군대 생활하는 동안 10차례 이상 맞았던 걸로 기억됩니다.

갑자기 병사들을 괴롭혔던 하사 이야기가 떠오르네요. 저는 3군사령부에 배치받아 통신부대에서 일했습니다. 3,40여 명 중에 하사가 10여 명이었습니다. 어디에도 그런 사람이 있지만, 하사 중에도 2, 3명은 성깔이 있는 사람들이었습니다. 부대 분위기를 잡는다는 명목으로 주말에 함께 외출 나가서 술 한 잔 거나하게 걸치고 와서 밤에 자지도 않고 공연히 트집을 잡았지요. 예를 들어 생선국이 나온 날 병사들이 씻어 온 그릇에서 비린내가 난다고 하는 거지요. 군대 생활을 해본 사람은 다 알지만 그걸 아무리 모래로 문질러 닦아도 비린내를 완전히 없앤다는 건 불가능한 일이잖아요. 그런데도 그걸 꼬투리 삼아 군기를 잡는 거지요. 어떤 때는 점호가 끝난 뒤 밤 11시 또는 12시까지 모든 병사들을 팬티만 입고 연병장에 서 있게 합니다. 10대 맞고 잘 때보다 더 힘들고 모멸감을 느꼈었지요. 물리적 폭력에 더해 정신적 폭력도 추가된 거지요. 몇십 년이 지난 지금도 그 사람들 얼굴을 꿈에서 보고 몸서리칠 때가 있습니다.

---

03 시소

놀이터에서 자주 시소를 탔었다. 무거운 내가 뒤쪽에 앉으면 아이 쪽 시소가 높이 들려 치솟았다. 균형은 같은 거리에 놓일 때 지켜지는 것이 아니라 알맞게 거리를 유지할 때 이루어진다는 걸 시소를 타며 알게 되었다. (…) 균형의 아름다움은 영구불변 고정된 것이 아니라, 끊임없이 타자를 위한 움직임으로 적당한 거리로 유지하는 데 있다는 걸 말해준다.

이상수, 「라그랑주점」, 『The 수필 2023 빛나는 수필가 60 』, 북인, (p.60)

저자는 시소를 타보고 균형은 같은 거리에 놓일 때가 아니라 알맞은 거리를 유지할 때 이루어진다는 걸 알게 되었다라고 합니다. 또한 균형을 찾는 건 내 거리를 지키려고 할 때가 아니라 내어줄 때 찾아오는 사실도 알게 되었다고 합니다. 여러분은 사람과의 관계에서 균형과 조화를 이루려면 어떻게 해야 한다고 생각하나요?

저는 두 번째 문장이 마음에 와닿네요. 상대를 배려해서 거기에 맞춰줘야 하니까요. 중국어 글자 '善(선)'가 있잖아요. '선악' 할 때 선. 선이라는 게 서양에서는 정이라고 하죠. 선이라는 말이 굉장히 좋잖아요. 선의 한자를 살펴보면 양羊자에 풀草자와 입口자가 있거든요. 선이라는 글자에 왜 양을 썼고 풀을 썼고 입을 썼을까요? 양은 풀을 먹을 때 자기만 먹겠다고 대들지 않아요. 상대를 배려해서 제 먹이를 밀어낸다는 거지요. 그게 바로 착함이고, 그래서 착할 善자는 양 羊자를 바탕으로 만들어진 것이지요. 양은 먹이를 먹을 때 상대편의 머리를 받아서 먹지 못하게 안 해요. 제가 먼저 먹겠다고 안 한다는 의미이지요. 상대를 배려한다는 점에서 '알맞게 거리를 유지한다는 걸 시소를 타고서 알았다는 글과 일맥상통한다고 볼 수 있겠지요. 비슷한 사례는 또 있습니다. 어릴 때 시골에서 누에를 키웠습니다. 그때 누에가 뽕잎을 먹는 걸 봤습니다. 두 마리 누에가 같은 뽕잎을 먹다가 입이 닿으면 서로 돌아서요. 먹겠다고 다투지 않고 상대방을 배려하고 양보하는 것이지요. 그러한 행위가 선이고 착함이 아닐까요?

반면, 우리가 〈아시아〉 할 때 '亞' 자가 버금 '아' 자가 있습니다.

이 글자는 경쟁한다는 의미가 있습니다. 1등 2등 하려는 마음. 서로 이기려고 하는 그 마음이 버금하는 마음이거든요. 이기려고 하는 그 마음이 바로 惡(악행)이고요. 버금이라는 걸 요즘 말로 하면 비교라고 할 수 있어요. 분별이라고도 그래요. 어떤 게 옳고 그르다는 분별을 해주는 게 선이 아니라 오히려 악이 된다는 의미이지요.

---

04 젊은 사람들의 언어

슬슬 간 보자면, 치느님, 이생망, 소확행 정도는 애교다. (…) ㄱㅇㄷ이나 ㅈㅂㅈㅇ와 같은 초성체 또한 해독을 요하는 난수표와 다를 바 없다. (…) 그들과 통하려면 미적분처럼 언어를 풀어내야 한다는 결론이다. 광화문 광장의 대왕, 세종께서 대노할 행태 아니냐.

문경희, 「카노스적 생존기」, 『The 수필 2023 빛나는 수필가 60 』, 북인, (p.113~114)

저자는 예전에는 듣도 보도 못한 말들이 쏟아져나오는 홍수 속에서 생존하기 위해서는 마치 미적분처럼 언어를 풀어내야 한다고 합니다. 섞이고 섞인 언어의 잡탕밥에서 수저질이라도 해야 살아남을 수 있다는 거지요. 여러분은 젊은 사람들이 사용하는 언어에 어떤 방식으로 대응하고 있나요.

요즘 젊은 사람들이 쓰는 언어의 가장 큰 특징은 축약인 듯합니다. 문장을 줄여서 단어와 비슷하게 만들어 사용하는 경우가 많아요. 당연히 나이 든 사람들은 그게 무슨 말인지를 당연히 못 알아듣는 거고요. 자기들끼리 서로 빠르게 소통하기 위해서 그렇다고 볼 수 있으니 탓할만한 일은 아닙니다.

예전 한글 전용 정책을 시행했을 때 우리 윗세대 중 상당수가 한자가 없으면 죽는 줄 알았잖아요. 결과적으로 우리 글에서 한자를 쓰지 않고 한글만 썼어도 전혀 문제가 없었잖아요. 이처럼 그때그때 주류 세대가 쓰는 언어 방식이 대세가 될 수밖에 없으니 그에 맞추는 게 최선은 아니더라도 차선은 되겠지요. 이해되면서도 기성세대인 우리가 그들과 소통하는데 답답하죠.

이처럼 젊은 사람들이 쓰는 줄임말의 의미를 몰라 당황한 적이 있습니다. 2022년에 강동 오십플러스에서 컨설팅 업무를 했습니다. 그런데 거기에서 11월인가에 무슨 축제 행사를 한다고 하더라고요. 이름하여 「강동오플제」. '강동'은 알겠는데 '오플제'란 도대체 무슨 말인지 몰라 혼자서 끙끙거렸습니다. 그런 고민을 한 건 저만이 아니었습니다. 1층 로비 엘리베이터 옆 책상에 앉아서 오고 가며 '궁금한 것'을 물어보는 사람들에게 안내해주시는 어르신이 있었습니다. 그 분은 오가는 사람들이 무엇이든 물어보면 시원시원하게 답변을 해주셨어요. 책상에 앉아 근무하면서도 사람이 없을 때는 틈틈이 책을 읽을 정도로 학구파였지요. 어느 날 엘리베이터를 타려던 50대 여성이 「강오플 축제」라고 쓰인 현수막을 보면서 어르신께 물었지요.

"강동오플제가 뭐에요?"

"........"

"강동 오십플러스 축제를 뜻하는 말입니다."

마침 외부에 일을 보러 갔다가 돌아와 엘리베이터 앞에 서 있던 강동센터 김 주무관이 그 물음에 대답했다.

"오플이 그런 뜻이군요. 그동안 그게 무슨 말인지 몰라서 답답했어요. '네이버' 영어 사전도 찾아봤지만 도대체 알 수가 없었는데 오십플러스를 줄인 말이군요. 알고 나니 속이 뻥 뚫렸어요. 고맙소."

어르신이 '이제는 되었어!'라는 표정으로 어깨를 으쓱했습니다. 김 주무관은 조금은 멋쩍은 듯 말했습니다.

"아이고, 그러시구나. 우리는 사람들이 다 알 것이라 여겨 별생각 없이 그렇게 했습니다."

이처럼 젊은 사람들이 줄여 쓰는 말이 별로 문제가 되지 않으나 어른들에게는 낯설게 느껴지거나 이해되지 않는 경우가 많습니다.

_____
_____

05 다름

그저 나이가 들었을 뿐, 미숙했던 두 남녀는 맞닥뜨린 상황을 자기식으로만 판단하고 해석하려 했다. '자기의 생각이 전적으로 맞다'라는 확신만 있을 뿐 아닐 수 있다는 가능성은 닫아 둔 채, 상대가 틀렸다고 고집했다. (…) 반은 맞고 반은 틀렸다. 다른 건 다를 뿐인데, 다른 걸 틀렸다고 여겼다. 이 왜곡된 생각을 바로잡고 받아들이는 데 꽤 오랜 시간이 걸렸다. 김경혜, 「반은 맞고 반은 틀리다」, 『The 수필 2023 빛나는 수필가 60』, 북인, (p.150)

사람들은 보통 "자신이 전적으로 '맞다'라고 확신할 뿐 그렇지 않다는 가능성은 닫아 둔 채 상대가 틀렸다"라고 합니다. 저자 역시 '반은 맞고 반은 틀렸다' 라는 사실을 받아들이는 데 꽤 오랜 시간이 걸렸다고 합니다. 여러분은 상대방과의 관계에서 '다름' 을 인정하는 편인가요? 아니면 내 '주장' 을 강하게 펼치는 편인가요?

 태어나면 죽는다는 거, 죽으면 아무것도 아니라는 거, 그냥 사는 거라고 확실하면 옳고 그르다고 다툴 여지가 아무것도 없어요.

 사람이 필멸하는 반드시 죽는 존재다. 그걸 깨닫고 실천한다면 사실 세상 종교 지도자가 아무런 소용이 없을 수도 있거든요.

 시「귀천」을 쓴 천상병 시인은 인생을 속세로 소풍을 왔다가 하늘로 돌아간다고 노래했지요. 모진 고문의 후유증이 있었던 시인은 사회를 굉장히 부정했지만「귀천」이란 시로 정반대의 얘기를 했어요. 그게 무슨 얘기냐 하면 결과적으로 이 세상은 아무것도 아니었다는 주장일 수도 있고요. 아니면 이 세상에는 진짜 죽일 놈이 많다고 하고 싶은데 그 얘기를 거꾸로 하지 않았을까? 라는 생각이 들거든요.

 인간이 살면서 옳고 그른 걸 괜히 따지지만 그런 게 어디 있어요. 책상을 예로 들어보지요. 책상을 사용하면 책상인데 책상이 아니고 밥상으로 사용한다고 해서 잘못될 것도 없습니다. 상황이 다르니까 다른 걸로 인정을 하면 되고 생각이 다를 거니 그렇게 말을 만드는 것뿐이지요. 세상을 살면서 최소한 아까 균형이라는 거 이런 거 하다 보니까 누구나 같이 살아야 하니까 그런 규칙을 만들고 이렇게 하는데 사실은 규칙이 우선이고 뭐가 우선 일은 별로 없지요.

 산에 가면 나무가 있지요. 큰 나무도 있고 작은 나무도 있고 또 풀도 있고 한데 큰 나무는 그냥 큰 나무대로 사는 거고 또 풀은 풀대로 사는 것이고 작은 나무는 작은 나무대로 사는 겁니다. 거기서 큰 나무가 작은 나무를 위해서 영양분을 좀 나눠줘야 한다는 얘기도 있겠지만 실제로는 자연 그대로 살아야 하지 않을까 생각합니다.

그래서 이제 그 부분은 있는 그대로 큰 나무는 큰 나무대로, 작은 나무는 작은 나무대로 사는 거지요. 그게 깨져버리면 전체 생태계가 무너져 버리는 거니까요. 그런데 그런 큰 나무, 작은 나무가 여러 개가 있을 때 그것들이 조율도 없이 그냥 간다면 좋은데 세상이라는 게 그렇지는 않잖아요.

06 시누이

땅 한 뙈기도 없는 나에게 하늘은 너무 가혹했다. 살아도 산목숨이 아니던 시절이었다. 차라리 죽는 편이 낫다고 여겼을 때 한 줄기 빛이 되어준 게 시누이였다. (…) 배다리에서 생선 장사를 시작한 시누이는 버는 족족 친정에 보태었다. 덕분에 소와 산과 전답이 생겼다.

유현주, 「개망초」, 『The 수필 2023 빛나는 수필가 60』, 북인, (p.188)

저자의 어머니가 살아도 산 목숨이 아니던 시절에 한줄기 빛이 되어준 사람이 그녀의 시누이였다고 합니다. 새 인생을 시작할 수도 있었던 시누이는 버는 족족 친정에 보탰고, 다녀갈 때마다 집안이 번듯해져 사람 사는 티가 낫다고 합니다. 여러분이 살면서 도움을 받았거나 도움을 줘서 한번은 보고 싶은 사람이 있다면 이야기해보세요.

저의 경우에는 가족들에게 도움을 준 건 좋았는데, 그 후에 문제가 생기더라고요. 저는 7남매 장남으로 태어났습니다. 아버지와 어머니는 시골에서 힘들게 농사를 지으며 살았기에 저는 입을 덜기 위해 초등학교 마치고 서울로 왔습니다. 안 해본 게 없을 정도로 고생하다가 군대에 갔습니다. 거기에서 병영폭력을 피해 베트남 전쟁에 참전했습니다. 하지만 그것도 일부분 작용했으나 베트남 파병 신청은 한 푼이라도 가정에 보탬이 되는 게 더 큰 이유였거든요. 다른 사람들이 1년 갔다 왔을 때 저는 그보다 반년 정도 더 있었어요. 그때 송아리 한 마리가 1만 5천 원 정도, 큰 소 한 마리가 3만 원 정도 했습니다. 20개월 정도 베트남 전쟁에 참여하여 받은 봉급을 집으로 보냈습니다.

집안의 장남으로서 그게 보람이라고 느끼고 있지만 지금은 제가 '왕따'가 돼 있거든요. 말 못 할 사연이 많이 있지만 장남인 제가 어머니를 모시지 않는다는 게 동생들이 얘기하는 이유입니다. 그래서 지금은 이런 생각을 하며 살고 있습니다.

'옳은 것도 없고 그른 것도 없고 희생하면 좋고 대신 희생하는 사람은 희생한 걸로 끝나는 거지 누구의 잘·잘못을 따지면 다툰 들 무슨 소용이 있겠는가?'

'풀은 풀대로 살아가는 것이고 풀 옆에 조그만 나무가 있다가 큰 나무보다도 더 클 수 있는 거고.'

05 사물

○ 개요

힐링을 위한 이야기 나눔의 다섯 번째 사례인 '사물'에 대한 에피소드입니다. 6개의 질문지와 각각에 대한 저자 또는 저자 지인의 경험과 생각, 느낌을 이야기한 글입니다.

○ 이야기 나눔

01 물방울

물방울에는 찰나의 빛이 들어 있다. 지극히 한순간만 존재한다. 그마저도 다른 사물이 있어야 드러나는 존재이지만 그 힘은 엄청나다. 짧은 생을 살다 흔적 없이 사라지는 물방울이지만 바위도 뚫을 수 있고 생명을 죽이고 살리는 힘을 가졌다.

허숙영,「물발자국」,『The 수필 2021 빛나는 수필가 60』, 북인, (p.290)

저자는 "물방울은 지극히 한순간, 그마저도 다른 사물이 있어야 드러나는 존재지만 그 힘은 엄청나다"라고 합니다. 세상에 있는 모든 생명을 죽이고 살리는 힘을 갖고 있다고 합니다. 여러분도 '물'의 소중함에 대해 말해보세요.

　물은 생명의 근원으로 물속에서 생명이 처음 시작했고 이 지구 전체의 4분의 3이 물이라는 사실을 우리는 다 알고 있습니다. 그리고 우리 몸의 약 70%가 물이라고 하니 얼마나 중요할까요? 물은 공기와 함께 잠시라도 없으면 우리가 살 수 없는 생명의 원천입니다. 그런데도 우리는 주위에서 너무 흔하게 많이 보니까 그냥 당연한 거로 여깁니다. 반면 요즘 가끔 보는 케이블 TV에서는 전혀 다른 상황에 맞닥뜨리게 됩니다. 아프리카 아이들이 흙탕물을 마시고 있는 장면이지요. 그 아이들도 깨끗한 물을 마실 권리가 있습니다. 그들 스스로는 아무 잘못도 없는데, 그렇게 열악한 환경에서 살 수밖에 없는지를 생각하면 안타까움 마음을 지울 수가 없습니다.

　또 하나는 후쿠시마 오염수인지 뭔지 그것도 물에 관한 문제잖아요. 그 물이 바다에 방류되면 바닷물이 문제가 있는지 없는지 모르지만, 양측 주장은 첨예하게 대립하고 있지요. 한쪽은 과학적으로 문제가 없다고 하고, 또 다른 한쪽은 사람들이 공포감을 느낄 정도로 무시무시한 주장을 펼칩니다. 둘 다 일부는 맞고, 일부는 틀릴 텐데, 둘 다 자기네 주장만 옳다고 거품을 무니 어느 장단에 춤을 춰야 할지 모르겠습니다.

　물방울의 신비도 있지만 실제로 물의 신비라는 것도 있습니다. 우리가 먹으면 죽는다는 비소 이야기인데요. 옛날에 죄인에게 사약을 내릴 때 정승의 사약은 부자고 서민의 사약은 비상이지요. 그런데 더 재미있는 거는 우리가 병원에서 뭐랄까 생명을 연장하기 위해서 맞는 주사가 바로 또 비상이에요. 그 비소가 그렇게 강력하고 독한 것이지만 물과의 비율에 따라 생명을 연장할 수도 있고 죽일 수도 있습니다. 물과 조화했을 때 1만분의 3퍼센트 이하이면 생명을 연장할 수 있는 강심제 역할을 하지만 1만분의 3퍼센트 이상일 때는 사약이 되거든요. 농도가 얕으면 생명을 살리게 하고, 농도가 짙으면은 생명을 죽이는 거죠.

물이 생명수가 되기도 하고 비상을 세 방울 이상만 타면 사약이 됩니다. 이 이치를 후쿠시마 물에 적용해 보면 어느 쪽 주장이 타당한지 알 수 있지 않을까요? 바다에 실제로 고기가 살고 있거든요. 오염수가 강하다면 정상적이지 않은 물고기가 많이 생기겠지요. 직접적으로 오염도가 높은 농도의 물에 부딪히면 물고기도 몸에 탈이 날 수밖에 없잖아요. 오염수도 일종의 독약이니까요. 물은 이렇게 신비하면서 없어서는 안 되고 고마운 존재 아닌가 하는 생각이 듭니다.

그렇게 따지면 후쿠시마의 사는 사람들이 피해를 제일 많이 볼 것이고 그 근처에 있는 물고기가 제일 먼저 타격을 받겠죠. 조류의 흐름을 살펴보면 과학적으로 우리나라는 오염수의 영향이 거의 없다고 하지요. 하지만 부자 몸조심이라고 0.01%의 가능성만 있어도 거부를 하는 게 사람의 마음이니 그 부분도 이해가 됩니다.

02 자전거

나는 아이가 한강에서 길을 묻던 날 자전거를 배우겠다고 결심했다. 나는 아무도 없는 한밤중 집 근처 깜깜한 학교 운동장으로 자전거를 끌고 갔다. (…) 중심을 잡는 연습을 며칠 한 후 발을 페달에 올리고 구르는 연습도 했다. 넘어져도 포기하지 않았고 마침내 넘어지지 않고 운동장을 몇 바퀴나 돌 수 있게 되었다. 오십이 되어서였다.

심병길, 「하늘을 나는 자전거」, 『The 수필 2021 빛나는 수필가 60』, 북인, (p.268)

저자는 나이가 오십이 돼서야 자전거 타는 법을 배웠다고 합니다. 아이에게 자전거 타는 법을 가르쳐 주다가 스스로도 배우겠다고 결심한 거지요. 여러분도 자전거를 탈 수 있을 텐데, 처음 자전거를 배울 때 경험을 되살려 이야기해보세요.

초등학교 다닐 때 우리 이웃집에 사는 형이 싸전을 했습니다. 옛날에 쌀장사는 자전거가 있어야지 했거든요. 증평을 중심으로 내수 청안 보안 등에서 오일장이 열렸어요. 그 형은 오일장을 돌아다니면서 장 입구에 자전거를 세워 놓고 기다렸어요. 집에서 농사지은 쌀을 팔러오는 사람들에게 쌀을 사려고 했던 거지요. 한 말, 두 말 또는 재수가 좋을 땐 한 가마니씩도 샀습니다. 현장에서 쌀을 다른 사람에게 되팔기도 하고 나머지는 자전거에 실어서 집으로 가져왔습니다.

그 집에 자전거가 있으니까 그 형의 동생인 내 친구는 초등학교 3학년 때 자전거를 잘 탔어요. 또 한 친구는 아버지가 경찰이었고 경제적으로 여유가 있는 아버지 덕분에 자전거를 장만해서 금방 잘 타게 되었습니다. 하지만 우리 집은 가난해서 자전거를 살 형편이 안 되었습니다. 또 성격이 소극적이라 친구들에게 "한 번 타보자"라는 말도 하지 못했기에 자전거와 가까워질 기회가 없었습니다.

결국 저는 스무 살이 넘어서 자전거를 배웠는데 우리 고향 동네는 마침 경사가 심한 큰 길가에 있었습니다. 그래서 자전거 핸들만 잡으면 저절로 가니까 쉽게 배웠습니다. 페달까지 밟을 정도가 되었는데, 웬걸 한번 핸들을 잘못 조작해서 그냥 길옆으로 처박았습니다. 지금도 자전거 하면 그 생각이 납니다. 어려서 자전거 타는 게 그렇게 부러웠는데, 나이가 들어서야 겨우 배웠습니다.

자전거가 집에 있었던 친구들도 먼저 안장에 앉지 않고 자전거 사이로 다리를 넣고 배웠어요. 애들은 다리가 짧아 어른 자전거는 안장에 앉으면 이게 발이 페달에 닿지 않지요. 그래서 그렇게 배웠지요. 처음에는 조금 어려운 것 같아도 금방금방 가더라고요. 어쨌든 집에 자전거가 있는 아이들은 복 받은 거지요. 집에 자전거가 없는 아이들이 자전거 타는 것을 얼마나 부러워했는데요.

---

03 숯

운명의 짐을 졌다. 시꺼멓게 과거를 지우고 뉘 집에 유배되었다. 나무에서 숯으로 바뀐 신세를 항변할 새도 없이 잿불에 파묻힌다. (…) 그을음과 연기로 미적대지 않는다. 불티를 날리며 요란을 떨지 않는다. 그저 소리 없이 뭉근하게 타오른다. 살풀이하듯 발갛게 일렁

인다. 밤새 가물거리며 화로의 불씨를 품느라 어둠살이 밝아오는 줄도 모른다.

황진숙, 「숯2」, 『The 수필 2022 빛나는 수필가 60』, 북인, (p.143)

저자는 "시꺼멓게 과거를 지우고 나무에서 숯으로 바뀐 신세를 항변할 틈도 없이 잿불에 파묻힌다"라고 표현합니다. '숯'은 불티를 날리며 요란을 떨지 않고 그저 소리 없이 뭉근하게 타오른다고 했지요. '숯'은 여러 가지 용도에 쓰이는데 '숯' 하면 떠오르는 생각을 말해보세요.

어렸을 때는 숯에 대한 기억이 별로 없습니다. 우리 집에서는 땅콩 농사를 크게 했고 땅콩을 까는 방앗간을 가지고 있었어요. 방앗간에서 나오는 땅콩 껍데기를 땔감으로 썼기에 화로에도 땅콩 껍데기 불이면 충분했습니다. 난방을 위해 숯을 별도로 쓸 이유가 없었습니다.

저희는 나무를 때지 않고 그냥 땅콩 껍데기를 땠어요. 땅콩 껍데기는 화력이 좋아서 땔감과 불씨의 역할을 충분히 합니다. 예전에 우리 집에서는 풍로를 사용했어요. 풍로가 있으면 불씨가 약해도 불을 부치는 데 별로 어려움이 없습니다. 그리고 땅콩 껍데기 땐 불을 화로에다 담기만 하면 겉으로는 재가 생겨도 속에는 그 불씨가 그대로 살아 있더라고요. 땅콩 껍데기는 나무와 비슷한 성분으로 보입니다. 지금까지 땅콩 껍데기를 땔감으로 사용한 걸 당연하게 여기고 있었습니다.

반면 보통의 집에서는 땔감으로 나무를 사용했지요. 나무를 태워서 밥을 짓고 그런 뒤에 시뻘건 나무 불덩어리를 화로에 담고 재를 덮어놓는 거지요. 그게 추운 겨울을 버틸 수 있는 유일한 난방기구였었거든요. 그래서 부모님 세대 분들의 얘기를 들어보면은 며느리의 역할 중 으뜸이 '불씨 유지'였다고 하더라고요. 그 불씨를 다시 얻는 게 쉽지 않은 시절이니 그럴 만도 했겠지요. 그런 면에서 우리 엄마는 불씨를 지켜내야 하는 고단함에서는 벗어날 수 있었지요.

한편, 숯 자체는 불 피는 연료잖아요. 그런데 몇 년 전 춘천 업체에 갔을 때 예술 작품용으로 활용하는 걸 봤습니다. 특수 흙을 취급하는 사람이었는데 그것과 숯을 이용해 새로운 물건을 만들어냈습니다. 숯의 터진 틈 사이로 비어 있는 공간에 그 사람이 만든 특수 흙을 채우고 단면을 자르니 여러 모양으로 훌륭한 작품이 되었습니다.

04 담뱃대

먼저 가신 아버지를 만나 대통에 그려진 한 쌍의 은빛 학처럼 날고 있을 것 같은 하늘을 쳐다본다. 말로 다 할 수 없는 엄마의 속마음이 담긴 백동연죽. 할아버지가 평소 끔찍이 아꼈던 종부 며느리의 마음을 달래주려고 넣어준 백동연죽. 엄마가 돌아가시면 관속에 넣어준다고 약속했는데.

정성록, 「백동연죽」, 『The 수필 2023 빛나는 수필가 60』, 북인, (p.206)

저자의 할아버지가 평소 끔찍하게 아꼈던 종부 며느리의 마음을 달래주려고 넣어준 '백동연죽'. 그건 대를 잇지 못해서 씨받이가 낳은 아들을 금지옥엽으로 키웠지만 문드러졌을 엄마의 속마음이 담긴 물건이었다고 합니다. 여러분도 자신이나 부모님 또는 가족들과의 인연이 담긴 물건을 떠올려 말해보세요.

  가족들과 인연이 깊은 물건으로 담뱃대가 생각납니다. 할머니와 할아버지는 바깥 사랑방에 거처하셨고 겨울이면 화롯불에 고구마를 파묻었다가 다 익으면 손주들에게 주셨던 기억이 아련합니다. 하지만 할머니에게 귀염을 받는 주인공은 따로 있었습니다. 바로 사촌 동생입니다. 그의 아버지와 어머니, 저에게는 막내 숙부와 숙모이시지요.

  그들은 모두 청각 장애인이었습니다. 제가 아는 두 분은 처음 볼 때부터 장애인이었으니 아무래도 선천성이었을 것으로 생각됩니다. 그래서 할아버지와 할머니의 사촌 동생 사랑은 각별했습니다. 특히 할머니의 사랑이 유달랐습니다. 오죽하면 할머니는 저의 할머니가 아니라 사촌 동생의 할머니라고 불렀지요.

  할머니가 돌아가신 지 반세기가 지났으나 그분을 떠올리면 생각나는 물건이 있지요. 바로 장죽 담뱃대입니다. 할머니 세대에서는 여성들도 담배를 꽤 피우셨다는 생각이 듭니다. 우리 할머니도 그랬고, 아랫집에 살던 친구 할머니도 그렇고. 사는 게 고단해서 그랬을까요?

  아무튼 할머니 하면 떠오르는 이미지가 있습니다. 바깥 사랑방 앞에 있는 마루에 걸터앉아 장죽 담뱃대를 빠는 모습입니다. 그때만은 세상의 근심이 모두 사라진 듯했습니다. 높지 않은 앞산을 바라보며 눈은 지긋하게 감고 장죽에서 들이마신 담배 연기를 하얗게 내뿜는 동작은 신선과 다를 바 없어 보였습니다.

05 미루나무

미루나무는 내 유년의 나무다. 냇가 둔치에 조성된 미루나무밭은 들에 있는 엄마에게로 가는 길목이었다. 아이는 햇빛에 반짝이며 바람에 팔랑이고, 바람개비같이 뱅글뱅글 도는, 나뭇잎의 움직임을 지켜 보기를 좋아했다. 아이에게 익숙한 미루나무는 집을 벗어난 넓은 곳에서도 아이의 마음을 사로잡았다.

김귀옥, 「미루나무가 있던 집」, 『The 수필 2023 빛나는 수필가 60』, 북인, (p.17)

저자는 유년 시절 들에서 일하는 엄마에게로 가는 길목인 냇가 둔치에 조성된 미루나무밭을 좋아했다고 합니다. 하지만 미루나무밭의 추억이 서린 고향 집은 지금은 쓸쓸한 바람만 심심하게 드나드는 데로 변했다고 합니다. 여러분의 마음 속에도 나무에 대한 아련한 추억 그리고 그와 관련된 사람이 있나요?

어려서 강변에 미루나무가 있는 동네에서 살아서 그런지 이 글에 참 공감이 갑니다. 하지만 저는 저자와 달리 엄마라는 상징보다는 소와의 추억이 더 많이 있습니다. 초등학교 5학년인지 6학년 때였습니다. 그때 우리 집에서 키우는 소와 함께 자주 강변 풀밭으로 갔습니다. 거기에 도착하면 소는 알아서 풀을 뜯어 먹었습니다. 그동안 저는 '두꺼비야! 두꺼비야! 헌 집 줄게 새집 다오'라는 모래 집 짓기 놀이도 하며 즐겁게 지냈습니다. 소 덕분에 제가 저만의 세상에 빠져서 보냈던 시절이었지요. 한 2년 정도 그렇게 놀았던 게 지금도 아주 생생하게 기억납니다.

우리 집에서 거기까지 한 2킬로미터, 왕복 4킬로미터 정도 거리입니다. 비가 쏟아지는 날은 거기에 있을 수 없으니 소가 먹을 풀을 베어 지게에다 지고 집으로 돌아오곤 했습니다. 지게를 지는 게 어린 저에겐 힘든 일이 일이었지만 이제는 그때의 추억 하나하나가 아주 소중하게 느껴집니다.

〈이야기 힐링 지도사〉 자격증 취득 교육 과정

1. 이야기 힐링 지도사는?
　책 질문지를 매개로 사람들의 이야기를 끌어내고, 나눌 수 있도록 돕는 진행자(퍼실리테이터)
- 이야기 지도사는 단순히 책을 해설하거나 강의하는 사람이 아니다.
- 질문지 기반 독서를 통해 참가자들이 자기의 경험, 감정, 가치관을 자연스럽게 이야기할 수 있도록 돕는 역할을 한다.
- 공감과 경청, 분위기 조성, 평안한 이야기 공간 제공이 중요하다.

➡ 이야기 지도사는 그 열쇠를 전달하는 사람입니다.

2. 이야기 힐링 지도사의 핵심 의미

구 분	의 미
이야기	참가자들이 서로 자기의 삶과 경험을 주고 받는 이야기
공감	누군가의 이야기를 평가하지 않고, 따뜻한 마음으로 들어주는 태도
치유	이야기 나눔을 통해 참가자가 정서적으로 위로받고 회복되는 과정
진행	모두가 고르게 이야기에 참여할 수 있도록 돕는 조율자 역할
질문지	책의 핵심 문장을 바탕으로 만들어진 이야기 유도 도구
평안한 마음	비난, 논쟁 없는 분위기 속에서 마음을 편히 열 수 있는 공간 조성

3. 이야기 힐링 지도사의 주요 역할

역 할	구체적 내용
퍼실리테이터 역할	참가자들이 자유롭게 이야기할 수 있도록 분위기를 조성하고 조율함
질문지 해석 및 활용	책 속 문장을 바탕으로 만든 질문지를 활용해 이야기 유도
경청과 공감 리더	참가자들의 말에 집중하며, 공감의 반응을 통해 분위기를 부드럽게 이끎
시간과 흐름 관리	'3분 이야기, 2번 참여, 논쟁 없음(X)' 원칙에 따라 균형 잡힌 진행
소외 없이 모두 참여 유도	말이 적은 참여자도 자연스럽게 이야기할 수 있도록 배려하고 격려
회고와 피드백 지원	모임 종료 시 간단한 나눔과 느낀 점을 통해 만족도 향상
지속 가능한 관계 형성	정기 모임을 통해 공동체 의식을 형성하고 관계를 이어가는 기반 마련

4. 이야기 힐링 지도사의 마음 자세
- 내가 주인공이 아니라 이야기를 이끌어 주는 조력자
- 판단 없이 듣고 비교 없이 격려하는 태도
- 사람의 이야기 뒤에 있는 마음을 헤아리는 따뜻한 시선
- 함께 웃고 함께 공감하는 따뜻한 공동체 정신

5. 이야기 힐링 지도사 활동 예시

분 야	활용 방법
복지관	시니어 정서 지원, 치매 예방, 독서 모임 진행
도서관	북토크, 책 놀이, 마을 연계 독서 문화 활동
평생학습관	자기 서사 쓰기, 감정 코칭, 자아 탐색 활동
지역 커뮤니티	세대 공감 이야기 나눔, 주민 정서 치유 활동
학교/대학	대학생 인성교육, 중고생 감정표현 훈련
기업/복지회사	직원 정서 돌봄 프로그램, 리더십 소통 훈련

6. 이야기 힐링 지도사 자격증 교육 프로그램 (8회차 계획, 1회차 2시간 기준)

회차	주제	세부사항
1회	〈이야기 지도사〉란 무엇인가?	이야기 지도사의 의의와 역할 소개
2회	〈이야기 나눔〉 진행 실습 ①	수필 질문지 1
3회	〈이야기 나눔〉 진행 실습 ②	수필 질문지 2
4회	〈이야기 나눔〉 진행 실습 ③	인생철학 질문지 1
5회	〈이야기 나눔〉 진행 실습 ④	인생철학 질문지 2
6회	〈이야기 나눔〉 진행 실습 ⑤	자기계발 질문지 1
7회	〈이야기 나눔〉 진행 실습 ⑥	자기계발 질문지 2
8회	마무리 및 자격 인증	최종 평가 및 피드백 이야기 지도사 자격증 수여

이야기하는
독서클럽

첫판 1쇄 펴낸 날 2025년 10월 22일

지은이 · 김학서
펴낸이 · 유정숙
펴낸곳 · 도서출판 등
기　 획 · 유인숙
관　 리 · 류권호
디자인 · 김현숙
편　 집 · 김은미, 이성덕

ⓒ 김학서 2025

주　 소 · 서울시 노원구 덕릉로 127길 10-18
전　 화 · 02.3391.7733
이 메 일 · socs25@naver.com
홈페이지 · dngbooks.co.kr

정 가 · 18,000원

■ 이 책은 저작권법에 따라 보호받는 저작물이므로 무단 전재와 무단 복제를 금합니다.
■ 이 책의 전부 또는 일부를 이용하려면 저자와 도서출판 〈등〉에 동의를 받아야 합니다